東都噺家百傑伝

冥土インジャパンの巻

保田武宏

東京かわら版新書
4

はじめに

約三百三十年前、鹿野武左衛門によって創始された江戸落語は、天明年間（一七八〇年代）に初代烏亭焉馬が復活させて以来、今日まで二百三十年余続いています。それも単に続いているだけではなく、ますます隆盛になり、現在東京の噺家は、真打だけでも三百七十人に達しようとしています。

三百三十年の間、どういう人たちが活躍して来たのか。ともすれば忘れられがちな人たちを、故人の中から百人選ぶという形で紹介したのが本書です。故人に限定したのは、現役はまだ評価が定まっていないのと、東京かわら版・刊『東西寄席演芸家名鑑』などで容易に知ることができるからです。

ここに登場する百人のうち、筆者が見聴きできたのは三十人に過ぎません。あとは先人たちが残してくれた文献を頼りにまとめました。なるべく多くの文献を見たつもりですが、中でも役に立ったのは、筆者も執筆者の一人である諸芸懇話会・大阪芸能懇話会編『古今東西落語家事典』（平凡社、一九八九年）と、橘左近『東都噺家系図』（筑摩書房、一九九九年）です。感謝いたします。

本書は、国立演芸場のパンフレットに二〇一三年六月から二〇一七年七月まで連載したものをまとめました。連載中は国立演芸場の小川知子さん、門脇幸恵さん、また、まとめるに当たっては東京かわら版の佐藤友美さん、岸川明広さんにご尽力をいただきました。厚く御礼申し上げます。

二〇一七年一一月

保田武宏

東都噺家百傑系図

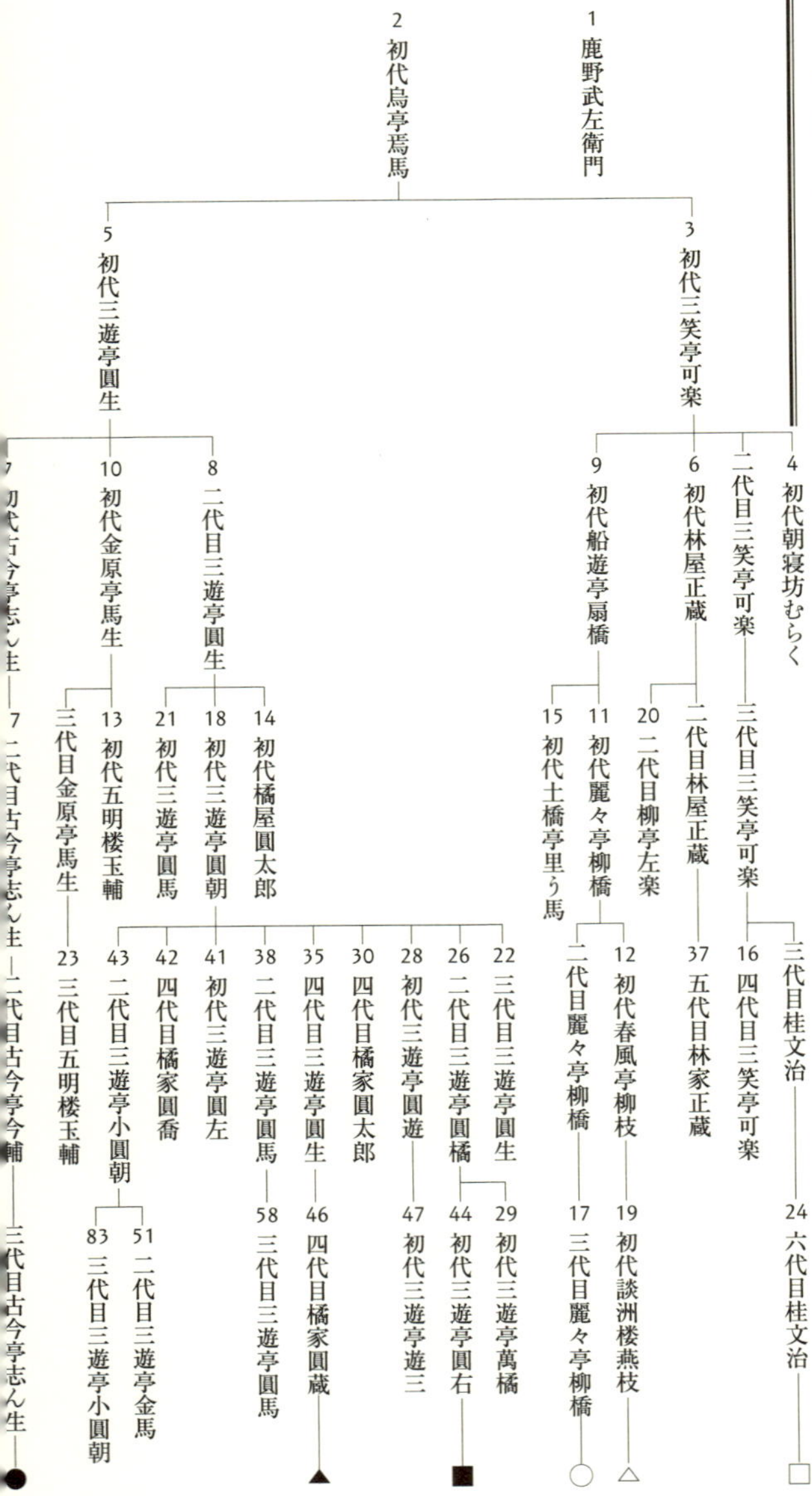

1 鹿野武左衛門
2 初代烏亭焉馬
3 初代三笑亭可楽
5 初代三遊亭圓生
4 初代朝寝坊むらく
二代目三笑亭可楽
6 初代林屋正蔵
9 初代船遊亭扇橋
8 二代目三遊亭圓生
10 初代金原亭馬生
7 初代古今亭志ん生
三代目桂文治
三代目三笑亭可楽
二代目林屋正蔵
20 二代目柳亭左楽
11 初代麗々亭柳橋
15 初代土橋亭里う馬
14 初代橘屋圓太郎
18 初代三遊亭圓朝
21 初代三遊亭圓馬
13 初代五明楼玉輔
三代目金原亭馬生
7 二代目古今亭志ん生
16 四代目三笑亭可楽
37 五代目林家正蔵
12 初代春風亭柳枝
二代目麗々亭柳橋
22 三代目三遊亭圓生
26 二代目三遊亭圓橘
28 初代三遊亭圓遊
30 四代目橘家圓太郎
35 四代目三遊亭圓生
38 二代目三遊亭圓馬
41 初代三遊亭圓左
42 四代目橘家圓喬
43 二代目三遊亭小圓朝
23 三代目五明楼玉輔
二代目古今亭今輔
24 六代目桂文治
19 初代談洲楼燕枝
17 三代目麗々亭柳橋
29 初代三遊亭萬橋
44 初代三遊亭圓右
47 初代三遊亭遊三
46 四代目橘家圓蔵
58 三代目三遊亭圓馬
51 二代目三遊亭金馬
83 三代目三遊亭小圓朝
三代目古今亭志ん生
□ △ ○ ■ ▲ ●

（次ページの記号に続く）

□
- 25 四代目桂文楽
- 31 四代目立川談志
- 64 八代目桂文治
  - 85 九代目桂文治

上方・七代目桂文治
- 75 初代桂小文治

△
- 32 三代目春風亭柳枝
  - 48 四代目春風亭柳枝
    - 71 六代目春風亭柳橋
    - 81 八代目春風亭柳枝
  - 39 四代目三升亭小勝
  - 45 三代目柳家小さん
    - 50 初代柳家小せん
    - 52 二代目柳家つばめ
    - 53 二代目談洲楼燕枝
      - 61 六代目林家正蔵
      - 73 三代目春風亭柳好
    - 56 三代目古今亭今輔
    - 62 六代目春風亭柳枝
      - 82 八代目三笑亭可楽
    - 65 初代柳家三語楼
      - 70 七代目林家正蔵
      - 74 初代柳家権太楼
    - 67 四代目柳家小さん
      - 91 五代目柳家小さん
        - 98 七代目立川談志
    - 68 初代柳家金語楼
    - 86 五代目古今亭今輔
    - 89 八代目林家正蔵
      - 96 五代目春風亭柳朝
  - 49 三代目蝶花楼馬楽
  - 55 五代目桂文楽
  - 59 八代目入船亭扇橋
- 34 二代目禽語楼小さん
- 36 四代目柳亭左楽
  - 54 五代目柳亭左楽
    - 69 七代目春風亭柳枝
      - 90 四代目柳亭痴楽
    - 78 八代目桂文楽
      - 84 六代目三升家小勝
      - 七代目橘家圓蔵
        - 88 初代林家三平
        - 99 八代目橘家圓蔵
- 40 三代目春風亭柳朝
  - 63 五代目三升家小勝

○
- 33 四代目麗々亭柳橋

■
- 初代三遊亭圓歌
  - 72 三代目三遊亭金馬
    - 77 三代目三遊亭歌笑
    - 94 二代目桂小南
  - 76 二代目三遊亭円歌
    - 100 三代目三遊亭圓歌

▲
- 66 五代目三遊亭圓生
- 87 六代目三遊亭圓生
  - 97 五代目三遊亭圓楽

●
- 57 四代目古今亭志ん生
  - 79 五代目古今亭志ん生
    - 92 十代目金原亭馬生
    - 95 三代目古今亭志ん朝
- 60 六代目雷門助六
  - 93 八代目雷門助六

名前の上の数字は掲載番号です

東都噺家百傑伝 一

目次

第三章 珍芸の人気と柳・三遊 ～落語研究会誕生

第五章 昭和戦後の隆盛〜平成の大看板 168〜219頁

東都噺家百傑伝

一

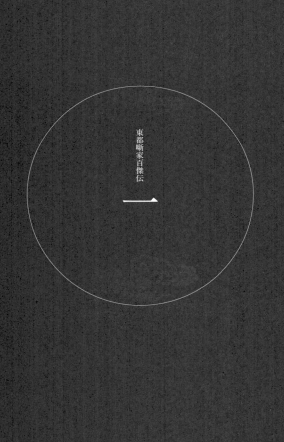

第一章　噺家誕生〜寄席のはじまり

延宝年間（一六七三〜一六八一）に鹿野武左衛門が登場して、江戸に噺家が誕生。しかしあとが続かず、約百年のちに初代烏亭焉馬が噺を復活させた。焉馬は江戸落語中興の祖と呼ばれる。焉馬が主宰する咄の会から初代三笑亭可楽ら多くの噺家が生まれ、寄席も誕生した。

1

江戸落語の祖

鹿野武左衛門

しかの・ぶざえもん◉1649~1699

〝江戸落語の祖〟と呼ばれる。出生は定かでないが、京都か難波らしい。若いころ上方から江戸へ出て、塗師《ぬし》を職業としていた。一方諸家に呼ばれて、身振り手振り入りで芝居がかりの噺をする座敷仕方噺《しかたばなし》を得意とした。延宝九（一六八一）年と元禄元（一六八八）年に計三回、三浦為隆《ためたか》の江戸屋敷で噺をした記録が残っている。当時はまだ寄席というものがなかったので、お座敷芸が主体だった。

また自分でしゃべるばかりではなく、噺の本を刊行して、自分の噺を広めた。天和三

（一六八三）年に出した『鹿野武左衛門口伝ばなし』や、貞享三（一六八六）年刊行の『鹿の巻筆』がある。

座敷と出版で平穏無事に暮らしていた武左衛門に、とんだ災難がふりかかった。元禄六（一六九三）年の四月下旬に、「今年の夏はソロリコロリという疫病が流行する。これを防ぐには、梅干しと南天の実を煎じて服用すべし、これはさる処の馬が人語を発してお告げをした」といううわさが広まり、梅干しと南天の価格が高騰して大騒ぎになった。町奉行所がうわさを広めた者を捕えて詮議したところ、馬が人語を発するくだりは、武左衛門の『鹿の巻筆』の小噺からヒントを得たと白状したため、武左衛門も連座して、伊豆の大島へ流罪というとばっちりを受けてしまった。この小噺は、馬の後足役の役者が、ヒヒンと鳴いてしまったというもので、現在の落語「武助馬」の原話である。

流罪になった武左衛門は、元禄十二年四月に許されて江戸に戻ったが、同年八月十三日に病死した。

2 江戸落語中興の祖

初代 烏亭焉馬

うてい・えんば◉1743～1822

鹿野武左衛門によって芽を出した江戸落語は、元禄文化華やかなころに武左衛門の筆禍事件によってその芽を切られ、下火になってしまった。下火が百年近くも続いた天明年間（一七八〇年代）になって噺を復活させたのが、烏亭焉馬である。よって焉馬は、〝江戸落語中興の祖〟と呼ばれる。

江戸は本所相生町《あいおいちょう》の大工棟梁の家に生まれた。幼いころからの芝居好きで、長じてからは茶番、見世物に熱中し、また俳諧、戯作にも手を染めるという幅広い活躍ぶり、そして咄の会も催すようになった。烏亭焉馬の名は、筆写のときの間違いを「烏焉馬《うえんば》の誤り」ということからとったようである。これは烏と焉と馬の字形が互いに似ていて間違いやすいという意味である。また、本所竪川《たてかわ》沿いの相生町に生まれ住んだところから立川《たてかわ》焉馬、役者の市川團十郎びいきだったので談洲楼《だんしゅうろう》という号も使った。

咄の会の第一回は、天明六（一七八六）年四月十二日、向島の料亭・武蔵屋で開かれた。大田南畝《おおたなんぽ》らの狂歌関係者が主で、約百人が集まったと言われる。出席者が作った小咄を、焉馬が披露した。これが好評で、この会は毎年一回ずつ催され、寛政四（一七九二）年以降は、毎年一月二十一日に「咄初め」と称する行事となった。これらの会の成果は、『喜美談語《きみだんご》』『詞葉《ことば》の花』などの咄本にまとめられている。

咄の会の参加者からは、初代三笑亭可楽、初代三遊亭圓生ら、のちに落語家として名を残す人が誕生した。〝江戸落語中興の祖〟と言われる所以である。

文政五年六月二日、数え八十歳で亡くなった。

3 江戸で初となる寄席を開く

初代 三笑亭可樂

さんしょうてい・からく◉1777〜1833

初代烏亭（立川）焉馬が催した咄の会が生んだ、プロの噺家である。江戸は馬喰町の生まれ。通称又五郎という櫛職人だった。道楽で始めた噺に凝って、噺の会に参加しているうち、プロになりたくなり、寛政十（一七九八）年六月、下谷稲荷境内で山生亭《さんしょうてい》花楽《からく》と名乗って、寄席興行をした。これが江戸常設寄席の始まりと言われ、現在下谷神社の境内に、寄席発祥の地記念碑が建っている。しかしこれには異説があり、可楽以前に大坂から来た岡本万作が、神田豊島町《としまちょう》藁店《わらだな》（現東神田）で寄席興行をやっていて、これに可楽が刺激を受けたのだという。また可楽の興行は寛政五（一七九三）年で、場所も今の下谷神社ではなく、もう少し浅草寄りの正福院《しょうふくいん》だったという説もある。

可楽の寄席興行は、五日で頓挫した。客の入りが悪かったわけではなく、持ちネタが切れたからだという。再び櫛職人に戻ったが、やはり噺への思い絶ち難く、同年の秋には再びプロになり、まもなく三笑亭可楽と字を変えた。どちらも「山椒は小粒でピリリと辛い」から来ている。

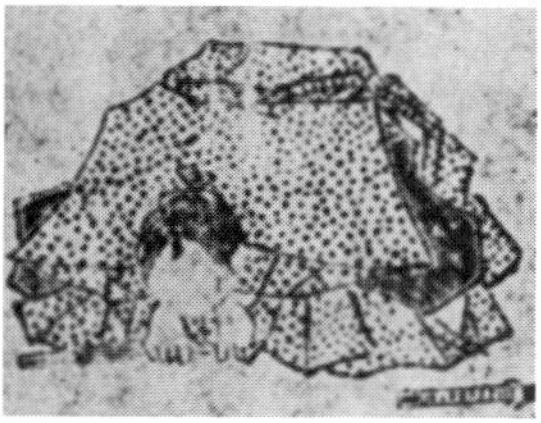

文化元（一八〇四）年、下谷広徳寺《こうとくじ》前の孔雀《くじゃく》茶屋で初めて夜興行をして、三題咄を演じた。三題咄とは、客からもらった三つの題を、即席に一つの落とし噺にまとめるもので、以後これが可楽の売り物になった。また、落語ではないが、「何々とかけて何と解く。そのこころは……」という謎解きも得意にした。

多くの門弟を育て、文化文政時代の落語興隆に貢献した。天保四年三月八日、数え五十七歳で没。

4 「可楽十哲」の筆頭

初代 朝寝坊むらく

あさねぼう・むらく◉1777～1831

初代可楽の門人の中でも、優れた十人を〝可楽十哲《じってつ》〟と呼んでいる。その中の筆頭がこのむらくである。長編人情噺の祖と言われ、後年三遊亭圓朝に「可楽よりもむらくのほうが名人だ」と言わせたほどだった。

江戸は麻布・芋洗坂の生まれで、幼名を勝蔵という。長じて里見晋兵衛となった。麴町の質屋伊勢義に奉公し、のちに豊竹宮戸太夫の門に入って義太夫を学んだ。芸名を戸志太夫という。

享和三（一八〇三）年に転じて初代可楽に入門し、珍蝶亭《ちんちょうてい》夢楽《むらく》から新笑亭夢楽と改める。文化六（一八〇九）年八月二十八日、初めての咄の会を柳橋の大のし楼で開催したとき、勝手に名前を朝寝房夢羅久《あさねぼうむらく》と変えたため、師匠可楽と不仲になる。そのため、一時初代烏亭焉馬の門に移り、笑語楼《しょうごろう》夢羅久と名乗った。

創作力では可楽に劣っていたものの、芸においては師より優った。式亭三馬《しきていさんば》は、その作『浮世床』の中で登場人物に次のように言わせている。「夢羅久が咄すのは真《ほん》の咄だぜのう」「夢羅久のは地が能《い》い。どうも情合をうまくいふぜえ」。その三馬の滑稽本『田舎芝居忠臣蔵』は、夢羅久の持ちネタをよりどころにしている。

朝寝坊むらくと書くようになったのは、晩年のようだが、むらくの珍蝶亭にはじまる改名については、いろいろな説がある。天保二年一月十七日、数え五十五歳で亡くなった。

むらくの名前は、九代目まで朝寝坊で継承されたが、戦後は三笑亭夢楽に戻っている。

5 芝居がかり鳴り物入りの元祖

初代 三遊亭圓生

さんゆうてい・えんしょう◉1768～1838

初代三笑亭可楽には、多くの弟子がいた。初代圓生もその一人だと言われている。式亭三馬の『落話《おとしばなし》会《かい》刷画帖《すりえちょう》』の記述を根拠とした説だが、これはどうも誤りのようだ。可楽よりも九歳年上であるし、噺家になったのもほぼ同時だからである。

神田紺屋町で生まれた。初めは木戸芸者をしていたらしい。これは、歌舞伎芝居で、初日前に芝居小屋の木戸口で、節をつけて狂言の題や配役を読み上げたり、役者の声色を使ったりして宣伝をする役目である。ところがこの仕事に飽き足らなくなり、初代烏亭《うてい》（立川）焉馬《えんば》の咄の会の盛況に魅かれて自分もやってみようと、寛政九（一七九七）年ごろに山《さん》遊亭《ゆうてい》猿松《えんしょう》と名乗って噺家に転向した。これは「山に遊んで猿嘯《えんしょう》（猿の鳴き声）を聴く」の「嘯」が難しいから「松」に変えた名前であろう。四、五年のちに今も使われている三遊亭圓生の文字に変えた。

『落語家奇奴部類』（「らくごかきぬぶるい」と読んでいるが、はたして「らくごか」と読んだかどうか疑問）という書に「芝居がかり鳴物入りの元祖」と書かれているので、そのように祭りあげられているが、はたして現行の芝居噺のようなものであったのかどうか。

木戸芸者の経験を生かして、座ったままで役者の身振りをまねたのではないか。

温厚な人柄で、浅草堂前《どうまえ》に住んだところから〝堂前の師匠〟と呼ばれて尊敬された。弟子に初代古今亭志ん生、初代金原亭馬生、二代目三遊亭圓生らがいる。

天保九（一八三八）年三月二十一日、数え七十一歳で没。

6 道具入り怪談噺の元祖

初代 林屋正蔵

はやしや・しょうぞう◉1781〜1842

No.4の初代朝寝坊むらくの項で紹介した〝可楽十哲《じってつ》〟の一人。正蔵は、現在は「林家」と書いているが、初代から四代目までは「林屋」と書いた。

江戸は和泉町新道の下総屋久兵衛という商家に生まれ、幼児から浅草蔵前の札差・峰村に奉公した。商人の道を歩んでいたのだが、文化三（一八〇六）年、数え二十六歳にもなってから初代可楽に入門した。三笑亭楽我から可龍、笑三、さらに林屋正三、正蔵と改名している。初代三遊亭圓生の弟分となり、亭号も三笑亭から林屋に変えているところから、可楽よりも圓生に芸の影響を受けているようだ。

器用な人で、話術はもとより文章や美術の才もあり、『笑話《はなし》之林《のはやし》』『落噺《おとしばなし》笑富林《わらうはやし》』などの咄本を残し、道具を使った怪談噺を始めた。現在、八代目林家正蔵から林家正雀に受け継がれているものの元祖である。

また文化十四（一八一七）年の正月から、江戸きっての盛り場である両国広小路に、寄席「林屋の席」を開場した。ここをホームグラウンドにして、毎日滑稽噺と怪談噺を演じたので、たちまち人気が上昇した。自分の寄席なのだから、自分の思うように趣向をこらすことができる。道具入りの怪談噺で、初めのうちは高座に飾りつけた書割を黒幕で隠しておき、大詰になって黒幕を切って落として見せた背景の中から、人間が出て来たりする形は、この寄席で完成させたものと思われる。

晩年は一時僧籍に入ったりして、天保十三年六月五日、数え六十二歳で亡くなった。

7　八丁荒しの志ん生

初代 古今亭志ん生

ここんてい・しんしょう◉1809〜1856

〝八丁荒しの志ん生〟と呼ばれた。八丁荒しとは、周囲八丁の寄席を不入りにする人気者という意味だ。一丁は約百メートルだから、志ん生が出ている寄席の周り八百メートル以内で興行しても、客を志ん生に取られてしまってガラガラになったのである。

小玉屋という商家で丁稚奉公した後、天保の初年（一八三〇年ごろ）に初代三遊亭圓生に入門した。最初の名前は圓太。天保六（一八三五）年までの間に、古今亭志ん生と改めた。

一説には、弟弟子の立花屋圓蔵と二代目圓生の名跡を争って敗れ、失意のうちに旅に出て志ん生を名乗ったと言われるが、初代圓生の存命中にすでに改名している。

その後旅に出たのは事実で、弘化四（一八四七）年に江戸に戻り、古今亭新生と字を変えて、四谷の忍原亭《しのはらてい》で看板を上げたところ、たちまち人気者になり、当時の番付でも大関に記されている。その後、真生を経て、志ん生に戻った。

人情噺が得意で、中でも「お富与三郎」は評判になった。この噺は、巷説の情話を乾坤坊良斎《けんこんぼうりょうさい》が脚色した講釈で、志ん生の人情噺で有名になり、これに目をつけた三代目瀬川如皐《せがわじょこう》が歌舞伎に仕立てた。今では歌舞伎を人情噺化したように思われているが、志ん生のほうが先である。そのほかこれも歌舞伎になった「小猿七之助」や、「九州吹き戻し」を得意とした。「九州吹き戻し」を聴いた三遊亭圓朝は、大いに感銘を受け、このうまさは真似の出来ないものであると、弟子たちにこの噺を演じることを禁じた。

安政三年十二月二十六日、数え四十八歳で没。

8 よつもくの圓生

二代目 三遊亭圓生

さんゆうてい・えんしょう◉1806〜1862

本名を尾形清治郎（清次郎とも）という。落語「野ざらし」に出て来る隠居・尾形清十郎は、この本名をもじったものである。本所竪川《たてかわ》の生まれで、袋物屋をやっていたが、芸人になりたくて初代三遊亭圓生の門を叩いた。

初めの名前は三升屋しげ次、それから竹林亭虎生《ちくりんていこしょう》、三遊亭花生《かしょう》を経て、立花屋圓蔵となった。橘家圓蔵の初代である。天保十二（一八四一）年ごろ、二代目圓生を襲名した。兄弟子の初代古今亭志ん生との圓生襲名争いに勝てたのは、二代目立川焉馬《たてかわえんば》の後押しがあったからだと思われる。

四谷に住んでいて、頭の形が木魚に似ていたところから、〝よつもく〟と仇名された。

弟子にのちに名人と言われる三遊亭圓朝がいたが、この圓朝には辛く当たった。圓朝の独演会の助演に出て、その日圓朝がやろうと用意していた噺を先にやってしまう。困った圓朝は、自作の噺をやるしかなく、おかげで創作力がついたという。

芸のほうは、人情噺、怪談噺を得意とし、その芸熱心な様子は、弟子の圓朝が「名人くらべ」によって伝えている。俗に「古累《ふるかさね》」と言われる「累双紙《かさねぞうし》」は、この人の作である。

晩年は体調をくずし、病いがちとなって不本意な生活を送っていた。圓朝は、恨みも忘れて師匠の面倒をみたという。盲目の娘がいたが、終生圓朝が世話をした。

文久二年八月十二日、数え五十七歳で亡くなった。

9 音曲噺の元祖

初代 船遊亭 扇橋

せんゆうてい・せんきょう◉生年不明〜1829

入船亭扇橋の元祖である。扇橋は、初代から七代目まで船遊亭だったが、八代目から入船亭に変わった。

初代三笑亭可楽門下・可楽十哲の一人で、扇派の元祖、音曲噺の祖と言われ、落語史上重要な人物なのだが、その経歴は不明なところが多い。

研究家が頼りにしているのは、関根黙庵『江戸の落語』（明治三十八年八月、服部書店）にある記述で、「元奥平家の家臣にして赤坂に住せり、常磐津兼太夫の門人となり若太夫と称す、文化六〔一八〇九〕年始めて下谷吹ぬきに出勤して音曲咄をなし一流の元祖となれり、文政十二〔一八二九〕丑年四月十三日没す」とある。可楽の弟子だったことは、『東都噺者師弟系図』などでわかるが、いつ入門して最初は何と名乗ったのか、いつ扇橋になったのか、さっぱりわからない。

ともかく、音曲噺の元祖であったのは間違いないであろう。『落語年代記』に「太夫語リノ名人」とあるところから、浄瑠璃のいろいろな太夫の節を語り分けるのがうまかったようだ。

弟子を育てる面でも、重要な役割を果たしている。浮かれ節の元祖として有名な初代都々一坊扇歌《どどいつぼうせんか》は、弟子である。

また、柳派の祖である初代麗々亭柳橋、二代目扇橋ら、大勢の弟子がいて、「柳連、扇連両派の祖」と言われる。

文政十二年四月十三日没。墓は、清澄白河・深川の浄心寺にあった。

東都噺家百傑伝 二

第二章　各派の繁栄～維新前後～明治新政

町人文化が栄えた文化文政年間（一八〇四～一八三〇）になると、噺家も増え、それに従って寄席も最盛期には百二十五軒を数えた。天保の改革（一八四一）で十五軒にまで減らされたが、徐々に復活し、初代三遊亭圓朝の登場もあって、維新から明治新政へと繋がっていく。

10 道具入り芝居噺の元祖

初代 金原亭馬生

きんげんてい・ばしょう◉生年不明～1838

生年は不詳である。歌舞伎役者・四代目坂東三津五郎の実兄だから、寛政十四（一八〇二）年に三津五郎が生まれるその少し前の生まれであろう。

初代三遊亭圓生の門に入って、三遊亭圓遊と名乗った。今もある圓遊の初代なのだが、明治時代に人気のあった圓遊が、三代目であるにもかかわらず勝手に初代と称したので、二代目（のちの二代目三遊亭新朝）とともに代数から外されてしまった。

まもなく金原亭馬生と改名する。これは小金ヶ原（現千葉県松戸市）に放牧されている馬にちなんだ名前で、改名によって馬派という一派を設立した。馬派は、名前に馬の字が入っている一派で、馬生のほか金原亭（金原野《かねはらの》）馬の助、鈴々舎馬風、隅田川馬石、蝶花楼馬楽など、現在もある名前が多い。一派を立てると、道具入り芝居噺の元祖となった。近年では八代目林家正蔵がやり、林家正雀に受け継がれている噺の型である。また、役者の物まねも達者で、声色だけではなく、身振りもまねた。特に実弟の四代目坂東三津五郎や、二代目関三十郎が優れていたという。

創作した芝居噺「座頭殺し」は、今日あまり演じられないが、河竹黙阿弥によって、歌舞伎「蔦紅葉宇都谷峠《つたもみじうつのやとうげ》」に取り込まれた。いわゆる「文弥殺し」である。

湯島の切通しに住んでいたころは絵草紙屋も営んでいた。自分でも『東都地満武《えどじまん》』という簡略な地誌を著わしている。門下には二代目馬生改メ初代五明楼玉輔、初代隅田川馬石、初代蝶花楼馬楽らがいる。天保九年八月二十六日没。

11　人情噺の元祖

初代 麗々亭柳橋

れいれいてい・りゅうきょう◉生年不明〜1840

江戸末期から大正の初年まで、落語界は柳派と三遊派に分かれていた。柳派は、亭号や名前に柳の字が入る者を主にした集まりで、三遊派は三遊亭、橘家を主体にした派である。その柳派を、扇派から分かれて設立したのが、初代麗々亭柳橋である。一派の開祖であり、また人情噺の元祖と言われる重要な人物なのだが、詳しい経歴はわかっていない。関根黙庵『江戸の落語』（明治三十八年八月、服部書店）にある記述と、それをもとにしたと思われる野村無名庵の『本朝話人伝』（昭和十九年四月、協栄出版社）が、わずかな頼りである。

扇派の祖と言われる初代船遊亭扇橋の弟子で、『江戸の落語』には初め舞遊亭扇蝶といったとあるが、そののちの研究調査では、その前に新橋、柳鳥と名乗っているという。どちらも亭号は不明である。舞遊亭扇蝶時代に、師匠の扇橋と不和になって名前を返上し、柳好と改名した。亭号は不明だが、春風亭柳好の初代に当たる。ところが、柳好の代々では、この柳好を初代とは認めていないようである。

のちに師匠と和解し、麗々亭柳橋と改名して、〝人情噺の祖〟と言われるようになった。

俳諧もよくやり、俳名を柳橋庵亀好と称して「ほととぎす明しかねたる此世かな」という辞世の句を読んでいる。

門人には二代目、三代目の柳橋、初代春風亭柳枝らがいて、〝柳派の祖〟と呼ばれる。

天保十一年四月二十五日（二十一日とも）に亡くなった。

12 女性の描き方に秀でた

初代 春風亭 柳枝

しゅんぷうてい・りゅうし◉1813〜1868

幼名を亀吉といって、江戸は京橋常盤町の魚屋庄三郎の子に生まれた。数え十六で初代麗々亭柳橋の門下となり、柳枝を名乗る。最初から春風亭であったかはさだかではないが、売り出したころは春風亭柳枝であった。

両国の米沢町に住み、関根黙庵『江戸の落語』には、「婦女仕方噺の上手なり」とある。これは、野村無名庵『本朝話人伝』によると、人情噺が今まで筋だけ運ぶ素噺だったのを、大人は大人、子供は子供、声音を分けて身振りも入れて演じたのだという。ちょうどこのころ、講談の初代東流斎馬琴《とうりゅうさいばきん》が今までの棒読みを改めて、男女の声調を使い分けたのと同様で、特に女性の描き方がうまかったのであろう。これによって聴く者の心を引きつけ、特に「九州吹き戻し」や「三代吉殺し」が人気を集めたという。

酒好きで、醒めれば飲みを繰り返し、片時も酒の気が離れなかった。泥酔していても、一度高座に上がれば別人のようにしっかりして、芸の乱れはなかったという。師名を継いで、二代目麗々亭柳橋になれという話もあったが、自分には春風亭柳枝という名前のほうが合っているからと、生涯柳枝のままで通した。

また客から三つの題をもらって、一席にまとめる三題噺にも優れており、日本橋萬町《よろずちょう》の三題噺の会では、いつも手短に噺をまとめていた。また三代目林屋正蔵に二代目柳亭左楽を襲名させるなど、政治的手腕も発揮した。

慶応四年七月十七日、数え五十六歳で亡くなった。弟子には二代目柳枝らがいる。

13 大名跡 五明楼の祖

初代 五明楼玉輔

ごめいろう・たますけ◉1803～1868

現在、五明楼玉の輔はいるが、「五明楼玉輔」という名前はここ七十年ばかり空席になっている。玉輔という名前は終戦のころまでは、五代続いた大名跡だった。その初代がこの人で、五明楼の祖と言われている。

通称津国屋長三郎、あるいは長兵衛と呼ばれているが、出生についてはよくわからない。最初に入門したのが、初代船遊亭扇橋の弟子の萬笑亭扇幸という人のもとで、秀幸と名乗った。まもなく初代金原亭馬生門下に移り、馬長（馬朝とも）から馬風となった。現存する鈴々舎馬風の初代である。ただし最初から鈴々舎であったかどうかははっきりしない。

師匠馬生の信望厚く、師の没した天保九（一八三八）年ごろに二代目馬生を襲名した。ところが、二代目立川焉馬《たてかわえんば》に師事し、同時に講釈師の初代桃林亭東玉《とうりんていとうぎょく》にもついたので、立川と玉の字をもらって立川玉輔《たてかわたますけ》と改名した。そして嘉永五（一八五二）年に亭号を五明楼と改めた。このいわれは、入夫したのが湯島天神境内の陰間茶屋・津国屋で、そこの別号が五明楼だったからだという。

晩年は門下の国輔に玉輔の名を譲り、連城亭玉童《れんじょうていぎょくどう》と名乗った。講釈師の東玉門下でもあったためか、その芸は講談に近かったようで、「赤穂義士伝」を得意としていた。そのため落語的な面白さに欠けており、滑稽噺は苦手だったようだ。しかし落語界では力を持っていた。慶応四年五月三十日、数え六十六歳で亡くなった。息子は四代目船遊亭扇橋である。

14 圓朝の父

初代 橘屋圓太郎

たちばなや・えんたろう◉生年不明～1871

林家と同じく、橘家も江戸時代には橘屋と書いていた。圓太郎が橘家になるのは、明治時代ラッパで人気のあった四代目からである。

初代圓太郎は、近代落語の祖と言われる初代三遊亭圓朝の父親である。葛飾新宿《にいじゅく》村の農業・大五郎のせがれで、本名を出淵《いずぶち》長蔵という。父の大五郎は、加賀大聖寺（現石川県加賀市大聖寺）の前田家分藩江戸留守居役の庶子だった。

長蔵は祖父に引き取られて、武士として育てられたが、窮屈な生活は御免だと家を飛び出し、左官になる。遊び好きの性格が高じて二代目三遊亭圓生の門下に入り、橘屋圓太郎と名乗る。師匠譲りの芝居噺で期待を集めたが、やがて音曲噺に転向した。芝居噺では、師匠の物真似の域をぬけ出せなかったようである。

家庭を顧みず、放蕩暮らしで、背中にらくだの彫り物をしているので、〝らくだ〟と呼ばれていた。高座では「おいとこそうだよ」などで前受けをねらい、卑猥なことを口走るので、大看板になったせがれの圓朝が引退をすすめたが、受け入れなかった。

慶応の末に三遊亭圓橘と改名したと記した圓朝伝や談話があるので、圓橘の初代とされている。芸でも人間としてもたいした人物ではないのだが、それでも百傑に入れたのは、圓朝の父であることと、圓太郎・圓橘という二つの大きな名前の初代だからである。

晩年は俳諧の宗匠になり、明治四年十月十五日に亡くなった。

15 立川流祖の名前

初代 土橋亭 里う馬

どきょうてい・りゅうば◉1804～1851

土橋亭里う馬という名前は、現在まで十代を数える。その始祖に当たる人である。通称上総屋善五郎。没年から逆算すると、文化元年の生まれとなる。最初の師匠は初代船遊亭扇橋で、のちに初代司馬《しば》龍生《りゅうしょう》門下に移る。里ん馬《りば》から二代目司馬龍生を襲名し、さらに土橋亭里う馬と改名した。噺家としてより戯作者や版元として活躍しながら、噺の世界にも絶大な力を持っていた二代目立川焉馬に可愛がられた。その焉馬が弘化三（一八四六）年に立川家元（このころにも立川流の家元がいた）と称して作ったと思われる番付には、なんと西の大関に「土橋亭立川龍馬」と書かれている。今の十代目里う馬が、七代目立川談志亡き後、落語立川流の代表になったのも、江戸時代からの因縁であろう。

二代目焉馬が弘化五（一八四八）年に編集した噺本『当世推故伝《とうせいすいこでん》』でも里う馬は特別優遇され、巻頭に置かれて「龍生は古人龍生取立、立川龍生と改、のちに龍生を扇好にゆずり、又龍馬と名乗る、土橋亭といふ、軍書はなしをよくす」と紹介されている。「軍書はなしをよくす」とあるから、講談の軍談のようなものが得意だったらしい。

後年都々逸で名をなした初代都々一坊扇歌《どどいつぼうせんか》が按摩をしていたころ、里う馬に弟子入りを志願したが、里う馬は「噺家は江戸っ子でなければだめだ」と意見をしたという。その言葉に発奮して扇歌は都々逸で大をなし、終生、里う馬に礼をつくした。

息子の安二郎も噺家になり、土橋亭志ん馬となった。

嘉永四年六月十四日、数え四十八歳で亡くなった。

16 爆弾可楽

四代目 三笑亭 可樂

さんしょうてい・からく◉生年不明～1869

俗に〝爆弾可楽〟と呼ばれる、異色の噺家である。

なぜそう呼ばれるのか。次の理由からである。

可楽は旧幕臣の倅であるので、明治維新になって薩摩や長州の軍隊が江戸へ入って来るのがくやしくてたまらない。そこで会津藩の家臣と組んで、東京と改めた江戸のあちこちに爆薬を仕掛ける計画を立てた。この計画は実行前に発覚してしまい、一時東京から逃げ出した。やがて立ち戻り、浅草弁天山の火事を見物していたところを役人に見つかり、弟子の三代目立川金馬宅へ立ち寄ったところをつかまってしまった。明治二年九月十日、佃島で獄死したという。

四谷荒木町に住む幕臣の家に生まれ、本名を榊原鎌三郎という。初め福寿庵可録《ふくじゅあんかろく》の弟子になり、可重と名乗る。のちに俗に二代目といわれる翁屋さん馬を名乗るが、商人・丸屋惣兵衛の入り婿になって、一時噺家を廃業した。しかしやがて離縁されて噺家に戻るが、翁屋さん馬の名前はのちの三代目可楽が継いでいたので、三代目朝寝坊むらくを名乗る。

可楽を襲名したのは元治元（一八六四）年で、三代目が生きているうちに譲り受け、三代目は全亭武生《ぜんていぶしょう》と改名した。実は三代目可楽は二人いて、もう一人は安政四（一八五七）年に亡くなっている。もう一人のほうから、四代目は名前を譲られた。

だが、せっかくもらった可楽の名前を、慶応三（一八六七）年に返上して騒乱を計画するのである。可楽の名前は、その後二十二年間空席になった。

17 落語睦連の創始者

三代目 麗々亭 柳橋

れいれいてい・りゅうきょう◉1826～1894

明治維新になって、演芸人税の制度が明治八（一八七五）年に出来た。そのため芸人の組織を作ることになり、落語睦連《むつみれん》が誕生した。そのとき頭取を務めたのが、この人である。

初めは初代滝川鯉《り》かんに入門し、滝川鯉之助と名乗った。数え十六歳のときである。その後二代目麗々亭柳橋の門下に移り、昔々亭桃流《せきせきていとうりゅう》と改名する。さらに麗々亭鯉橋《りきょう》となって、師匠没後の嘉永四（一八五一）年に三代目柳橋を継いだ。

幕末のころの人情噺の第一人者で、特に女を描かせては右に出る者はいなかったという。

若き日の三遊亭圓朝が、初代古今亭志ん生と、この人の芸を尊敬していたというほどである。維新前後には押しも押されもせぬ大看板になっていた。

明治八年、落語睦連の頭取になったときは、圓朝と六代目桂文治を補佐役にすえた。三年後の明治十一年、柳橋の名前を長男の亀吉に譲って、自身は麗々亭柳叟《りゅうそう》と改名し、さらに明治十六年ごろ、春錦亭柳桜《しゅんきんていりゅうおう》と改めた。これは「見渡せば　柳桜をこきまぜて　都ぞ春の錦なりける」という和歌からつけたものである。

若いころ「四谷怪談」を演じる前に於岩稲荷へ参詣するのを怠った。そうしたら口演中

に寄席の天窓がわけもなく開いたので、あわてて噺を中止し、翌日参詣してから改めて演じ直した。おかげで大評判になったという逸話を残している。

明治二十七年六月八日、数え六十九歳で亡くなった。

長男は四代目柳橋、次男は講釈師の二代目桃川如燕《ももかわじょえん》、三男が五代目柳橋と、三人の息子がみな芸人になっている。

18　近代落語の祖

初代 三遊亭圓朝

さんゆうてい・えんちょう◉1839～1900

〝近代落語の祖〟と呼ばれる。〝落語中興の祖〟と呼ぶ人もいるが、この言葉は江戸時代に落語を復活させた初代烏亭（立川）焉馬をさすほうが適切であろう。

本名を出淵《いずぶち》次郎吉といい、天保十年四月一日、江戸は湯島で生まれた。父は音曲噺の初代橘屋圓太郎である。その関係で弘化二（一八四五）年、数え七歳のときに橘屋小圓太と名乗って高座に上がり、子供噺家として人気者になった。しばらくして寺子屋通いのため寄席を退き、数年後に父の師である二代目三遊亭圓生に入門、十一歳のころに二ツ目に昇進した。しかし再び廃業して、商家に奉公したり、絵師の歌川国芳の内弟子になって画工の修業もしたが、長続きしなかった。

再び圓生のところへ戻って、安政二（一八五五）年に圓朝と改名した。当時人気のあった新内の初代富士松紫朝《ふじまつしちょう》にヒントを得て、朝の字をつけたのだと言われている。

改名すると、道具入り人情噺で真打に昇進、人気は上がる一方だったが、安政六（一八五九）年に下谷池之端の吹ぬきという一流寄席でトリをとったとき、助演に出た師匠の圓生が、当日自分がやる予定だった道具入りの噺を先に上がってやってしまった。その場は他の

噺でなんとかごまかしたが、以後は新作の芝居噺に力を入れ、また「真景累ヶ淵」「怪談牡丹燈籠」などで創作力を発揮する。明治になると、道具入り噺は弟子の三代目圓生にすっかり譲って素噺に転向、「塩原多助一代記」などを創作して速記にとらせ、人気を得た。

明治三十三年八月十一日、数え六十二歳で没。

19 圓朝に伍する柳派の代表

初代 談洲楼燕枝

だんしゅうろう・えんし◉1838〜1900

幕末から明治にかけて、三遊派の三遊亭圓朝がナンバー・ワンの存在であった。これに対抗する柳派の代表が、初代春風亭柳枝亡き後は初代柳亭燕枝、のちの初代談洲楼燕枝だと言われている。

本名長嶋傳次郎。十九歳で初代柳枝に入門した。圓朝より一つ年上だが、子供のころから高座に上がっていた圓朝よりはずっと後輩に当たる。初代春風亭傳枝《でんし》の名前を貰うが、楽屋内のいざこざに嫌気がさして一時廃業し、一年で復帰し、自分で考案した柳亭燕枝を名乗った。柳亭は尊敬していた二代目柳亭左楽にあやかったものである。師匠の柳枝はこの名前に反対したが、これを押し切って文久元（一八六一）年十二月にこの名前で真打の看板を上げた。役者の声色と道具入り芝居噺でたちまち人気者になった。しかし、明治四（一八七一）年以降は素噺に転じた。声色を得意としていた九代目市川團十郎とはのちに親しい間柄になり、明治十八年には亭号を團十郎にあやかって談洲楼と変えた。

圓朝と同じく、時の流れを巧みに読み取り、自作や西洋の翻案物を高座にかけた。速記を多用した圓朝と違って、雑誌、新聞の連載は自作自筆が多く、代表的なものは「嶋衛《しまちどり》沖白浪《おきつしらなみ》」で、十代目金原亭馬生が「大坂屋花鳥《おおさかやかちょう》」の題で演じ、その門下のむかし家今松に受け継がれている。柳家三三は遺された速記から全編を復活して口演した。また「あはれ浮世」は、ユーゴーの『レ・ミゼラブル』の翻案である。圓朝の作品に比べると、現在も生きているものが少ない。

明治三十三年二月十一日、数え六十三歳で没。

20 落とし噺の左楽

二代目 柳亭左樂

りゅうてい・さらく◉生没年不明

柳亭左楽は大きな名前ではあるが、その代々は初めのほうがはっきりしない。初代三笑亭可楽門下に三笑亭佐楽という人がいて、以後にんべんのつく佐楽が三代目までいるが、これらは経歴がよくわからないこともあって、〝にんべん佐楽〟として別扱いにされている。その佐楽の三代目が、深川安禅寺に墓があったと『夢跡集』に記されている「志げ吉改め柳亭左楽」と同一人物だとする説が有力で、この人を初代柳亭左楽にしているが、経歴などはわかっておらず、二代目柳亭左楽とのつながりはない。

二代目は幼名を新治郎といい、生没年は不明である。天保年間に三代目司馬龍生《しばりゅうしょう》の門下となり、龍我と名乗った。

嘉永三（一八五〇）年に師匠が没すると、龍生は兄弟子の三代目司馬扇好が継ぎ、龍我は初代林屋正蔵の娘みいの婿となり、三代目正蔵を襲名した。みいは龍我の前に二人の婿をとったが、いずれも離縁している。やがてこの三代目正蔵も離縁となり、名前も行く先もなくて困っているところへ、初代春風亭柳枝が手をさしのべて、空いていた柳亭左楽を継がせた。安政四（一八五七）年のこととされている。

若いころから芸には定評があり、日本橋木原店《きわらだな》の「井上」という一流席でトリをとったときに、連日落とし噺ではねたという。当時は人情噺でトリをとるのが決まりだったのを、初めて破ったのである。それだけ落とし噺がうまかったわけだ。

それほどの芸を持ちながら、晩年のことはわかっていない。明治五、六（一八七二、三）年ごろ亡くなったと思われる。

21 駒留の圓馬

初代 三遊亭 圓馬

さんゆうてい・えんば◉1821～1880

「えんば」という名前の始まりは、江戸時代に落語中興の祖と言われた初代立川《たてかわ》（烏亭《うてい》）焉馬である。焉馬は江戸時代に三代続いたが、だんだん落語から離れて行き、三代目は落語と無関係になってしまった。そしてこの焉馬とは関係なく、三遊亭圓馬が幕末に誕生した。

本名野末亀吉。三遊派の重鎮と言われた人なのに、三遊亭圓朝門下になるまでのことが、資料不足でわかっていない。そこで東大落語研究会OBで落語研究家の吉田章一氏が立てた仮説に従うことにする。三代目翁屋さん馬（のちの四代目三笑亭可楽）の門人に、翁屋らん馬という人がいた。その素人弟子で、狂言亭市馬と名乗ったのが、初代圓馬の前身である。のちに月亭花生と改めて、芝居噺をよくしたと『落語家奇奴《きぬ》部類』に載っている。やがて二代目三遊亭圓生の門下となって、三遊亭圓馬と改めた。

元治元（一八六四）年に圓朝が両国「垢離場《こりば》」でトリをとったとき、圓朝門下を補強するために、十二歳年下の圓朝の弟子となった。明治前半には、三代目圓生、三代目三遊亭圓喬（のちの四代目圓生）、二代目三遊亭圓橘と並んで、〝圓朝門下の四天王〟と言われた。師の圓朝同様、芝居噺を捨てて素噺に専念し、ものによっては師匠勝りの芸を見せたという。

初代三遊亭圓遊が、圓馬の没後高座にかけて大人気をとった「すててこ踊り」は、圓馬が最初に高座にかけたものだという説がある。

晩年、東両国駒留に住んでいたために〝駒留の圓馬〟と呼ばれた。

明治十三年十月十一日、数え五十三歳で没。

22 のしん圓生

三代目 三遊亭 圓生

さんゆうてい・えんしょう◉1839～1881

前記の初代三遊亭圓馬のところで書いたように、圓朝門下四天王の一人である。だが、圓馬同様、経歴がよくわからない。東大落語研究会OBで、芸能史研究家の山本進氏は、「圓生代々のなかで、素性・経歴が一番わからない人物である」と書いている(『古今東西落語家事典』)。本名を嶋岡新兵衛という。これは確かだが、はじめは野本新兵衛だったという説は何の確証もなく、あやしい。通説では、はじめ歌舞伎役者で、本名の野本新兵衛にちなんで「のしん」と名乗ったので、のちに〝のしん圓生〟と仇名されたとするが、江戸時代に野本と苗字を名乗るほどの身分だったのであろうか。

通説では、役者から転じて四代目桂文治の門下となり、万治と名乗る。これも確証はない。やがて三遊亭圓朝門下に移り、圓楽と改名する。これが圓楽の初代で、このあたりから少しはっきりして来る。

明治五年、両国立花亭のこけら落としのときに、圓朝は芝居噺の道具一切を圓楽に譲り、三代目圓生を襲名させた、というのが関根默庵説だが、実際にはもう少し早く、明治二、三年ごろというのが今は定説になっている。

道具を譲られてからは、芝居噺の第一人者になったが、惜しいことに神経を病み、初代圓馬の後を追うようにして明治十四年八月十六日、数え四十三の若さで亡くなった。神経を病んだのは、養母が死ぬときに、「邪見にされたから、とり憑いてやる」と言ったのを気にしたのがもとだという。弟子も大勢いたが、大成した者はいない。

23 人情噺の名人

三代目 五明楼玉輔

ごめいろう・たますけ◉1848～1918

五明楼玉輔は、馬派と呼ばれる金原亭馬生一門から出た名前で、初代はNo.13で紹介した。その名前をさらに大きくしたのが、この三代目である。明治時代には、三遊亭圓朝、初代春錦亭柳桜とともに、仲間内で三名人と称された。

本名川村赤吉。嘉永元年二月二十六日、初代金原亭馬きんを父として生まれる。三代目金原亭馬生の門下で、初め馬勢（亭号不明）と名乗り、のちに父の名を継いで二代目馬きんとなった。師匠の馬生から、自分の後継ぎだと目をかけられていたが、若いころから放浪癖があって、なかなか東京に居つかない。馬生の没後も留守が多かったので、四代目馬生の名は林々舎馬勇が継いでしまう。これに不服な三代目馬生未亡人は、馬勇から馬生の名を取り上げて、馬きんに継がせようとしたが、馬きんはそんな名前はいらないと辞退し、玉輔を襲名した。年代ははっきりしないが、明治八、九年ごろではないかと思われる。

これからが玉輔の全盛で、人情噺を得意とし、自作の「開明《かいめい》奇談《きだん》写真《しゃしん》廼《の》仇討《あだうち》」を十八番にしていた。その芸は講談に近く、「赤穂義士伝」などもよくやっていた。明治三十三年六月には、大篦坊《おおべらぼう》寿観《ずかん》と改めて講釈師に転向したが、まもなく玉輔に戻っている。また玉輔の名前のまま、張り扇を叩いたこともある。

明治三十九年に引退し、大正七年十月十九日、数え七十一歳で亡くなった。昭和期に、活弁やラジオなどで活躍した松井《まつい》翠声《すいせい》は、甥に当たる。

24 尻取り唄に唄われた

六代目 桂文治

かつら・ぶんじ◉1843〜1911

桂文治の初代は、上方で桂派の始祖と言われた人。初代、二代と上方で活躍し、三代目から江戸へ移された。六代目は、三代目の養子になった四代目文治の実子で、祖母は初代文治の長女という血筋の良さを誇る。江戸末期の尻取り唄「牡丹に唐獅子竹に虎……」の中で、「下谷上野の山かつら、桂文治は噺家で」と唄われた人である。

天保十四年（月日不詳）、四代目文治の子として生まれ、由之助と名付けられる。のちに本名も桂文治と改めた。八歳のとき、本名の由之助で高座に上がり、振袖姿で小噺と踊りをやって喝采を受けた。

万延二（一八六二）年一月、数え十九歳で三代目桂文楽を襲名して芝居噺の看板を上げ、慶応二（一八六六）年、六代目文治を襲名した。毛並みの良さと本格的な芝居噺で、たちまち一方の旗頭になり、明治八年、落語睦連が出来たとき、頭取の三代目麗々亭柳橋を三遊亭圓朝とともに補佐している。

その芝居噺は、三代目金原亭馬生に基本からみっちり仕込んで貰ったうえに、西川寅之助からは踊りを習ったので、その芸はしっかりとしたもので人気も高かった。が、多少キザなところもあったという。晩年はそのキザも抜けて、格調の高い芸を誇った。明治四十一年十一月、文治の名を上方の桂文團治に譲って三代目桂大和大掾《やまとのだいじょう》と名乗り、翌年三代目桂楽翁と改めた。「西郷隆盛」「高橋お伝」などの正本芝居噺のほか、「小烏丸《こがらすまる》」などを得意とし、明治四十四年二月十六日、数え六十九歳で亡くなった。

25 デコデコの文楽

四代目 桂文樂

かつら・ぶんらく◉1838～1894

桂文楽という名跡は、桂文治と密接な関係にある。

初代は、三代目の文治が文治の後に名乗った。二代目は逆に、文楽から五代目文治になった。三代目も文楽から六代目文治になっている。この四代目になって、初めて文楽のまま終わった。

本名新井文三。天保九年十一月十日の生まれ。初め素人連で鶴丸亭小きんと名乗っていた。四代目文治の弟子になって、文七から文鏡になったが、幇間に転向し、新富町や吉原で松廼家文二、松廼家〆寿、荻江文三と名乗った。幇間としてならした後、落語家に戻り、六代目文治の門に入って文楽の四代目を襲名した。明治初年のことだという。

六代目文治が見込んだだけあって、軽妙洒脱な芸風で廓噺や人情噺を得意とした。〝デコデコの文楽〟という仇名がついていたのは、「デコデコ」と言う口癖があったからで、「デコデコにうまい」とか、「デコデコに面白い」とかいっていた。

花柳界ものがうまく、特に幇間を描かせたら抜群で、活き活きとしていたという。政治講談の初代伊藤痴遊は、「(為永) 春水の人情本をそのままにゆく粋な芸風」と評している。

得意は「音羽丹七」「雪の瀬川」「本郷小町」といった人情噺や「たちきり」「居残り佐平次」など。晩年は引退し、印判屋をしながら気が向くと寄席に出ていたという。

明治二十七年一月二十八日、数え五十七歳で亡くなった。

26 薬研堀の師匠

二代目 三遊亭 圓橘

さんゆうてい・えんきつ◉1837～1906

圓橘の名は、三遊亭圓朝の父・初代橘屋圓太郎がのちに名乗ったのを初代としている。その前に、初代三遊亭圓生門下の南生が名乗ったと『東都噺者師弟系図』（初代圓生著）にあるが、代数には数えられていない。二代目がこの圓橘で、圓橘の名前を大きくした。本名佐藤三吉。天保八年二月（日不詳）、江戸は麴町に生まれる。絵師や料理人などをしながら素人連に参加していたが、元治元（一八六四）年に三代目立川焉馬の門に入って立川花久馬となる。慶応三（一八六七）年ごろ、初代三遊亭圓馬の門に移って、三遊亭市馬と名乗る。さらに明治二年二月、圓朝門下に移る（市馬のままか？）。

明治六年五月、二代目圓橘を襲名して真打に昇進。三代目三遊亭圓生、初代三遊亭圓馬、三代目三遊亭圓喬（のちの四代目圓生）と並んで、圓朝門下の四天王と呼ばれるほどになった。

一時、誤解から師匠の圓朝と不仲になり、明治十七年ごろに四代目立川焉馬を名乗ったことがあったが、二年ほどで誤解が解けて圓橘に戻った。人情噺、滑稽噺ともに得意で、「札所の霊験」「業平文治漂流奇談」「万歳の遊び」「松山鏡」「朝友」などをよくやった。

さらに自作に「隅田川流れの白浪」「後の業平文治」「千代田の大奥」がある。両国の薬研堀に住んでいたので、薬研堀の師匠と呼ばれた。

明治三十九年七月十一日、圓朝の七回忌法要中に本堂で倒れて亡くなった。数え七十歳だった。門下に初代立花家橘之助、初代三遊亭萬橘、初代三遊亭圓右らがいる。

27 お相撲志ん生

二代目 古今亭 志ん生

ここんてい・しんしょう◉1832～1889

志ん生の名跡を大看板として確立し、また今輔の名を創設した、古今亭一門にとって重要な人である。

本名福原常蔵。天保三年九月（日不詳）に生まれる。初代古今亭志ん生に入門し、古今亭寿六と名乗った。安政三（一八五六）年に師匠が亡くなると、初代五明楼玉輔の門人となり、今輔と改名する。今輔の初代で、古今亭の今と、玉輔の輔をとってつけたものだが、亭号が古今亭だか五明楼だかわからない。おそらく初めは五明楼を名乗っていて、のちに古今亭に変えたのではないかと思われる。

　慶応の二、三年（一八六六、七年）ごろ、最初の師匠の名である志ん生を襲名し、大看板の仲間入りをした。関根黙庵『講談落語今昔譚』には、「大兵肥満、膂力《りょりょく》も勝れていた処から、力士を志願して江戸へ出たが、思わしくないので断念し、本所相生町《あいおいちょう》の餅菓子屋の職人となった。丁度その近所に、初代のしん生（志ん生）が住んでいたので、彼は乞うて門人となり、寿六《じゅろく》という名で前座から修業した」とあるが、落語史研究で知られる六代目柳亭燕路（黒田健之助）は、「二代目志ん生の姉が、金原亭馬きんの妻で、三代目五明楼玉輔の母なので、この姉を頼って江戸へ出て来たのであろう」と解釈している。

　人情噺、落とし噺ともに優れ、明治十三年（一八八〇）には初代談洲楼燕枝、初代三遊亭圓馬とともに、睦連の代表になった。

　太っていたので〝お相撲志ん生〟と呼ばれ、明治二十二年十一月二十四日、数え五十八歳で亡くなった。

東都噺家百傑伝

三

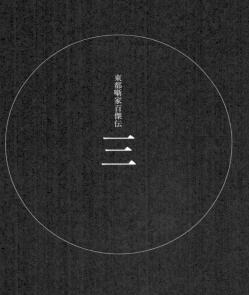

第三章　珍芸の人気と柳・三遊～落語研究会誕生

明治十年代になると、珍芸四天王が寄席の世界を席巻し、人気をさらった。それらは一時的な、他愛ない芸であったが、寄席を活性化させ、柳派、三遊派の競い合いが激しくなる結果をもたらした。初代三遊亭圓朝、初代談洲楼燕枝を相次いで失った後、噺の本格派に再び活気を与えたのが落語研究会である。

28 ステテコの圓遊

初代 三遊亭 圓遊

さんゆうてい・えんゆう◉1850～1907

圓遊は、正しくはこの人が三代目である。ところが、前の二人が改名していく過程で名乗ったのにすぎなかったのと、この圓遊があまりにも有名になったために、初代と称したのが俗説として通用してしまった。落語家の代数は固有名詞のように使われているので、今更訂正しても混乱を招くだけなので、俗説に従っておく。ちなみに初代圓遊は初代圓生門下で、のちに初代金原亭馬生になり、二代目圓遊は圓朝門下の三遊亭林朝が名乗り、二代目三遊亭新朝になった。

本名竹内金太郎。嘉永三年五月二十八日、江戸は小石川小日向水道町の紺屋の息子として生まれる。紺屋に奉公したのち、圓朝に入門しようとしたが入れず、二代目五明楼玉輔の弟子になり、しう雀と名乗る。明治五年ごろ、念願叶って圓朝に入門、三遊亭圓遊となる。

明治十二（一八七九）年ごろ、ステテコ踊りで売り出した。これは、もとをただせば浅草で物乞いが恵比寿様のかっこうをして踊っていた他愛ないもので、幇間の民中《みんちゅう》から初代三遊亭圓馬を経て圓遊に伝わった。ステテコ踊りの大評判のおかげで、明治十三年四月に圓遊のままで真打に昇進している。

珍芸の人気がすたると、滑稽噺の改作や新作で売り出し、人情噺を主体とした寄席のあり方を変えた。今も演じられている「野ざらし」や「船徳」は、この人が改作したものである。

弟子も多く、一派を形成していたが、明治四十年十一月二十六日、数え五十八歳で亡くなった。

29 ヘラヘラの萬橘

初代 三遊亭 萬橘

さんゆうてい・まんきつ◉1847〜1894

前記の初代三遊亭圓遊らとともに、珍芸四天王と呼ばれた一人である。

本名岸田長右衛門。没年齢から逆算して、弘化四年の生まれと見られる。もとは因州(鳥取)藩お抱人足廻りの元締をしていたが、廃藩によって職を失い、江戸は日本橋浜町に「萬長」という寄席を開業した。自分も落語好きで、素人連で活躍していたので、萬長の高座に上がっているうちに、三遊亭圓朝に入門し、萬朝と名乗った。

のちに圓朝門下の二代目三遊亭圓橘の門に移り、三遊亭萬橘となる。明治十三

（一八八〇）年ごろ、赤い手拭いに赤い扇子を持って、へらへら節を唄いながら奇妙な手つきで高座で踊り始めた。その文句は「太鼓が鳴ったら賑やかだ　大根が煮えたらふろふきだんべえ　へらへらへったらへらへらへ……」という他愛のないもの。これが馬鹿当たりして、〝ヘラヘラの萬橘〟と呼ばれ、一躍人気者になった。寄席を何軒も掛け持ちをして「へらへらへっ」と踊っていたが、明治十六（一八八三）年に大阪へ行き、こちらの寄席でも大人気を得たので、以後上方で活躍することになる。しかし、へらへら踊り一辺倒では次第に人気も落ち、また東京へはたまに顔を出すだけだったので、忘れられた存在になっていった。肺病に侵されて伊豆熱海の温泉で療養していたが、明治二十七年五月二十六日（二十七日とも）、数え四十八歳で死亡したのを知る人は少なかった。

萬橘の名は初代柳家小せんの父・四代目七昇亭《しちしょうてい》花山文《かざぶん》が二代目を継ぎ、三代目は初代三遊亭圓右門下の音曲師。四代目は現在活躍中の三遊亭きつつき改めで76年ぶりに復活させた。

30 ラッパの圓太郎

四代目 橘家 圓太郎

たちばなや・えんたろう◉1845～1898

この人も珍芸四天王の一人で〝ラッパの圓太郎〟として知られる。圓太郎の初代は、三遊亭圓朝の実父である。二代目圓太郎は圓朝の一番弟子で、のちに五代目司馬《しば》龍生《りゅうしょう》になった人。三代目はやはり圓朝門下の圓寿が継いだが、この人についてはよくわからない。そして四代目がラッパである。

弘化二年五月十一日、江戸は浅草駒形の生まれで、本名を石井菊松という。圓朝に入門して、最初の名前が萬朝。さきに紹介した初代萬橋と同じ名前である。二ツ目になって圓好と改め、さらに圓朝門下ではゆかりの圓太郎を継ぐのだが、このころは資料不足で改名の年月がわからない。三代目圓太郎がいつまでいたかも、不明である。

音曲師なのだが、師匠圓朝の芝居噺道具方を務める目立たない存在だった。師匠が道具を使うのをやめてからは、音曲に専念せざるを得なくなったが、その高座はずぼらで、都々逸や端唄を順序だててやらずに、突然物売りの声を入れたりする。そのうちに、ラッパを持参して、馬車の御者のまねで「おばあさん、あぶないよ。プップー」とラッパを吹いた。これが折からの珍芸ブームに乗って大当たり。たちまち人気者になった。寄席の掛け持ちが多くなると、ラッパを吹きながら高座を横切るだけ。それでも客は喜んだというから、人気のほどが知れようというもの。まねをされた本物の馬車が、逆に圓太郎馬車と呼ばれるようになった。

明治三十一年十一月四日、数え五十四歳で亡くなった。

圓太郎の名は、当代が八代目である。

31

釜掘りの談志

四代目 立川談志

たてかわ・だんし◉生年不明～1889

立川談志の代数は混乱していて、この談志を初代、あるいは二代目とする説もあるが、正しくは四代目である。初代談志は、のちに談笑から萱良助《かんりょうすけ》になった人、二代目はその門人で、談志から宇治新口になった。三代目談志は仇名を〝花咲爺〟と言われた人で、明治九年十二月に亡くなっている。

四代目談志は、本名中森定吉。生まれた年月、場所も不明だが、二代目桂才賀の門に入ったのが噺家としてのスタートで、才太郎から才二郎と名乗った。のちに六代目桂文治の門に移り、桂文鏡を経て明治十年ごろ談志を襲名した。三代目談志とのつながりはない。

談志になって三年後、「郭巨《かくきょ》の釜掘り」という奇妙な踊りで珍芸四天王の仲間入りをし、莫大な人気を得た。落語を一席やった後、羽織を後ろ前に着て、手拭いで後ろ鉢巻、扇子を半開きにして衿元へはさみ、座布団を二つに折って脇にかかえ、「そろそろ始まる郭巨の釜掘り、テケレッツのパア、アジャラカモクレン、キンチャン（お客のこと）カーマル（集まる）、席亭（寄席の主人）喜ぶ、テケレッツのパア」と言いながら高座を歩く。続いて郭巨が釜を掘るしぐさをするという、他愛ないパフォーマンスで、これが初代三遊亭圓遊のステテコ踊り、初代三遊亭萬橘のヘラヘラ踊り、四代目橘家圓太郎のラッパとともに大当たりした。郭巨の釜掘りは、中国の二十四孝のうちの一つである。

珍芸四天王の中では一番早く、明治二十二年五月十日に亡くなった。

32 蔵前の大虎

三代目 春風亭柳枝

しゅんぷうてい・りゅうし◉1852〜1900

明治時代、三遊亭圓朝の三遊派に対抗したのが柳派で、その総帥初代談洲楼燕枝の後を受け継ぎ、柳派の頭取となった。

本名鈴木文吉。嘉永五年九月二十三日の生まれ。明治四（一八七一）年五月、数え十八歳のときに初代燕枝の門下となって、燕花と名乗った。入門したときは、キザで鼻もちならないので、兄弟子が「あんなやつは今のうちにクビにしたほうがいいですよ」と進言したが、燕枝は「いや、ものになるやつだ」と、その将来を見抜いていたという。

明治五年ごろ、二代目柳亭燕寿となり、同六年、初代柳亭燕路で真打に昇進した。入門からわずか二年。いかに優れていたかがわかる。ところが、この人の芸については評価が分かれる。ずっと後世になって、六代目三遊亭圓生はその著書『寄席育ち』に、「蔵前の大師匠といいまして大変な大看板でした。ところが評判に残っているところでは、大変まずかったという話です」と書いている。また講談の初代伊藤痴遊は『痴遊随筆』に、「話は巧かったが、客受けはしなかった」と記している。

柳枝を襲名したのは明治十二年。芸はともかくとして、仲間の人望と政治力があり、まもなく燕枝から柳派の頭取を譲られる。そのうちに弟子も全員譲られて、その中から四代目柳枝、四代目三升亭小勝、四代目柳亭左楽らが育った。酒が強く、〝蔵前の大師匠〟がいつか〝蔵前の大虎〟と呼ばれるようになったという。

明治三十三年十一月十四日、数え四十九歳の若さで亡くなった。

33 女性にモテモテ

四代目 麗々亭 柳橋

れいれいてい・りゅうきょう◉1860～1900

幕末から明治にかけて、人情噺の第一人者といわれた三代目麗々亭柳橋（晩年は初代春錦亭柳桜）の長男である。

本名斎藤亀吉。万延元年九月十五日に生まれた。三代目柳橋の息子は、三人とも芸人になっており、次男は講釈師の二代目桃川如燕《じょえん》、三男は五代目麗々亭柳橋でまさに芸能一家。長男の亀吉は早くから芸人になるように育ったように思えるが、父の三代目柳橋は亀吉を堅気に育てようと、十一歳のときに奉公に出した。ところが蛙の子は蛙で、奉公がいやで逃げ帰り、弟子たちと一緒に噺を聴いて覚えてしまう。三代目も堅気にするのをあきらめて、明治六（一八七三）年、十四歳のときに小柳《こりゅう》の名前で高座に上げた。

明治十一（一八七八）年、三代目は柳叟《りゅうそう》の隠居名に改め（のちに春錦亭柳桜となる）、柳橋の名を倅に譲った。小柳はわずか十九歳で大名跡を継いだわけであるが、すでに人情噺で人気を得るだけの力を持っていたという。人情噺ばかりではなく、声色や踊りも得意で、それを活かした「稽古屋」は大変な人気、歌舞伎の女形のような優男なので、女性にはモテモテだった。

明治二十八（一八九五）年、所属していた柳派にもめ事が起こり、一時三遊亭圓朝の庇護を受けて三遊派に移ったが、三十二（一八九九）年には和解して柳派に戻った。三代目春風亭柳枝に代わって柳派の頭取としての活躍が期待されたが、不幸にも病にかかり、明治三十三年八月二十一日、まだ数え四十一歳の若さで亡くなった。

34 九州延岡の元藩士

二代目 禽語楼 小さん

きんごろう・こさん◉1849～1898

小さんの初代は、幕末から明治初年にかけての春風亭小さんである。春風亭はみな名前に柳の字がつくのに、例外なのは、初めの名前千歳屋小さんから改めたからであろう。二代目小さんから、柳の字を入れて柳家となった。小さんの名が大看板になるのは、この二代目からである。

本名大藤《だいどう》楽三郎。嘉永二年八月（日不詳）に生まれた。初代柳亭（のち談洲楼）燕枝の門に入ったのは、元治年間（一八六四―五）と思われる。初めの名は燕花。慶応のころ旅役者に転向して坂東橘寿《ばんどうきつじゅ》と名乗る。明治九（一八七六）年に燕枝門下に復帰して燕静。明治十二（一八七九）年一月、三代目春風亭柳枝の前名・柳亭燕寿を継ぎ、同十六年一月の初席で二代目柳家小さんと改名した。二十一（一八八八）年三月、亭号を禽語楼《きんごろう》と改める。当時の軍医総監松本順から贈られた亭号で、その高調子な語り口は鳥のさえずりに似ているのと、人情噺の主人公・小さん金五郎との洒落で付けられた。明治二十八（一八九五）年三月、小さんの名を弟子の初代柳家小三治に譲り、自分は柳家禽語楼となった。

一説によると、九州延岡の藩士で、砲術家の高島秋帆《たかしましゅうはん》に砲術を学んだという。そのためか、武士の出て来る噺を得意にしていた。ところが顔はとても武士らしくなく、いかにも芸人といったご面相。そのくせ女性には大変もてて、女除けだと女という字に鍵をかけた絵馬を神社に奉納したりしている。明治二十年代には、雑誌『百花園』にたくさんの速記を残し、後世に役立っている。明治三十一年七月三日、数え五十歳で亡くなった。

35 落とし噺の名手

四代目 三遊亭圓生

さんゆうてい・えんしょう◉1846～1904

〝近代落語の祖〟と呼ばれた三遊亭圓朝は、二代目三遊亭圓生の弟子であるが、第一人者になっても師名を継がず、弟子に圓生を名乗らせた。三代目圓生（№22で紹介）と、この四代目がそれである。本名立岩勝次郎。弘化三年八月（日不詳）、越前堀の石屋の次男に生まれ、日本橋の幸手屋《さってや》という小間物屋の養子となった。十四、五歳のころから小間物を背負って売り歩いたが、堅気の商売がいやでたまらず、つてを求めて圓朝の内弟子になり、十九歳のとき鯉朝の名をもらう。

すぐに頭角を現して二十二歳の慶応三（一八六七）年に、師匠の前名・橘家小圓太（二代目）を名乗った。明治五（一八七二）年に長谷川町の伊賀屋というふとん屋に婿養子に入り、噺家を一時廃業する。しかし商売に嫌気がさして、芝居茶屋をやったがこれも失敗し、離縁して噺家に戻ったのが明治七（一八七四）年の十一月だった。翌八年に三遊亭圓喬の三代目を襲名し、真打となる。

明治十四（一八八一）年、兄弟子の三代目圓生が若くして亡くなったので、翌十五年の末ごろ、大名跡の圓生を継いだ。以後師匠圓朝を補佐して活躍し、「落とし噺では圓生にかなわない」と圓朝に言わせたほどで、圓朝亡き後は三遊派の総帥となったが、明治三十五年ごろから舌がんにかかり、手術の甲斐なく明治三十七年一月二十七日、数え五十九歳で亡くなった。

落とし噺の中でも、「三枚起請」などの廓噺は絶品で、「文七元結」などの人情噺にも優れていた。

36 オットセイの左楽

四代目 柳亭左樂

りゅうてい・さらく◉1856〜1911

柳亭左楽の名前は、古くからあるが、No.20の二代目左楽のところで書いたように、二代目までは経歴がはっきりしない。三代目は二代目の弟子で、天才と言われたが明治二十二（一八八九）年に数え三十四歳の若さで亡くなった。経歴のわかる左楽は、この四代目からである。

本名福田太郎吉。安政三年一月二日に生まれた。初代柳亭（のち談洲楼）燕枝の門に入ったのは、明治七（一八七四）年、数え十九歳のときで、柳亭燕多（燕太とも）の名前をもらった。その後、初代柳亭燕路（のち三代目春風亭柳枝）の門下に移り、柳亭路喬《ろきょう》と改名する。明治十七（一八八四）年、初代柳家枝太郎を名乗って真打に昇進、明治二十六（一八九三）年十二月に左楽を襲名した。若くして亡くなった三代目左楽とは、つながりはない。

その風貌から、オットセイと仇名され、逸話の多い名物男だったが、好人物で人望も厚く、晩年は柳派の頭取も務めた。明治四十四年一月、病気のために弟子の騎江亭《きこうてい》芝楽に左楽の名を譲って引退し、同年十一月四日、数え五十六歳で亡くなった。

人情家のくせにケチだったそうで、トリをとると千秋楽のワリ（給金）を出さなかった。あるとき、他の人がワリを出さなかったら、楽屋に「左楽でないにワリくれぬとは」との張り紙が出たという。これは在原業平の歌「千早ぶる神代もきかず龍田川　からくれないに水くくるとは」の洒落である。また若手をそば屋へ連れて行って「何でもそう言いな。モリでもカケでも」と言ったとか。

37 沼津の正蔵・百歳正蔵

五代目 林家正蔵

はやしや・しょうぞう◉1824〜1923

正蔵は、初め林屋と書いていたが、この人から林家と改めた。静岡県の沼津に住んでいたので、俗に「沼津の正蔵」と呼ばれ、また数え百歳まで生きたので、「百歳正蔵」ともいう。本名吉本庄三郎。文政七年十一月十一日、三河国（愛知県）幡豆《はず》郡平坂町（現西尾市）の農家に生まれる。十四歳のときに江戸へ出て、青山の酒屋に奉公した。その後奉公先を転々として、最後に年季奉公したのが本所の酒屋「四方」。ここの客に桂語楽という噺家がいて、その紹介で二代目正蔵に入門したのが、天保十二（一八四一）年、十八歳のときだった。正吉と名乗る。

その後、正橋、正鶴、正鱗と改名する間に、正蔵の名は初代の娘婿となった司馬龍我に三代目を、兄弟弟子の正楽に四代目を継がれ、やっと正蔵になれたのが明治二十一（一八八八）年、数え六十五歳になっていた。

念願の正蔵を継いでから、その芸は地味ではあるがうまさを増し、柳派の長老として珍重がられた。明治四十五（一九一二）年二月、本所の増鈴《ますもと》本という寄席で、正蔵改メ林家正童を披露した。同月二十九日の怪談会で演じた「怪談正直清兵衛雪の埋木《うもれぎ》」は、

善玉、悪玉の二役を早変わりで演じ、とても八十九歳には見えないと賞賛された。この噺の発端部分は、「もう半分」の題で今も演じられている。

正童になってからも高座に上がり、地方巡業もしていたが、数え年百歳になった大正十二年三月六日、大往生をとげた。弟子には五代目三升家小勝、五代目金原亭馬生らがいる。

38 空堀の圓馬

二代目 三遊亭 圓馬

さんゆうてい・えんば◉1854～1918

初代圓馬がその住居から〝駒留の圓馬〟と呼ばれたのに習ってか、〝空堀《からぼり》の圓馬〟といわれた。本名竹沢斧太郎。生年月日は不明だが、死亡年から逆算して、安政元（一八五四）年に江戸で生まれた。父・竹沢源兵衛は水戸藩士だったが、風流人で武士を捨て、町人になって水戸下屋敷の前で御用そば屋を開いた。十一歳のとき、日本橋照降町《てりふりちょう》の袋物屋「宮川」に奉公、主人の供をして寄席へ行ったのがきっかけで噺に病みつきとなり、初代柳亭左龍に入門して左伝治と名乗った。まもなく三遊亭圓朝門下に移り、圓治と改名、明治九

（一八七六）年に圓弥となり、三遊亭圓雀で真打に昇進した。

圓馬を襲名したのは、初代圓馬が亡くなって四年すぎた明治十七（一八八四）年。圓朝四天王の一人・圓馬の名を継いだだけあって、その芸は師匠圓朝の後継者といわれる本格派で、期待も大きかったが、圓朝が寄席との不和から明治二十四（一八九一）年一月に一切の高座から退くことになった。その上、三遊派が四代目三遊亭圓生派と圓馬派に分かれて反目していたこともあって、圓馬は師匠に殉じて東京を離れ、大阪へ転じたのが明治二十四年十二月だった。

大阪では、二代目桂文枝の桂派に所属して、浪花三友派に対抗していた。東京にはたびたび来ていたが、高座に上がることは少なかった。その芸は、圓朝一門では四代目橘家圓喬と並び称されるほどで、「五人廻し」を得意としていた。

大正七年五月、圓馬の名を橋本川柳に譲って圓翁となり、隠居したが、同年十二月十八日、数え六十五歳で亡くなった。

39　狸の小勝

四代目 三升亭小勝

みますてい・こかつ◉1856〜1906

三升家《みますや》小勝の名は、歌舞伎の市川團十郎の紋・三升にちなんだもので、初代から五代目の途中までは三升家ではなく、三升亭だった。初代は江戸時代後期の人で、初代三遊亭圓生の弟分。二代目は初代の門下。三代目は二代目の門下と縦に続いていた。四代目から系列が切れて、柳派の春風亭柳枝門下に移る。もっとも二代目小勝の娘婿という点ではつながっているが。

四代目は本名石井清兵衛。安政三年三月（日不詳）に、江戸は日本橋箱崎町の船宿鈴木屋の倅として生まれた。三代目春風亭柳枝の門人になって、初代春風亭枝雀を名乗る。その後、春風亭柏枝《はくし》と改名。柏枝としては二代目だが、この名を大きくしたのは最初で、改名は明治十八（一八八五）年ごろと思われる。

柏枝のころから狸の噺が得意で、また狸のコレクションでも有名で〝狸の柏枝〟と呼ばれた。この仇名は小勝になってからも続く。やがて二代目小勝の長女である竹本清之助と結婚。その縁で、三代目小勝が一時廃業したのちの明治二十七（一八九四）年十月、小勝の四代目を襲名した。

でっぷりとした風貌で、愛嬌のある高座で滑稽噺を得意に活躍していたが、艶聞のほうも華やかで、常磐津の二代目東家小《あずまやこ》満之助《まのすけ》と明治三十七年九月に大阪へ駆け落ちした。当地の浪花三友派に属したが、高座に精彩なく、東京へも戻ることなく、明治三十九年四月六日、数え五十一歳で亡くなった。新派の伊志井《いしい》寛《かん》は息子で、その娘がＴＢＳのプロデューサー石井ふく子である。

40 初音屋の柳朝

三代目 春風亭柳朝

しゅんぷうてい・りゅうちょう◉1852～1920

春風亭柳朝は柳派の由緒ある名前。初代は幕末に栄枝から襲名し、のちに二代目春風亭柳枝になった。二代目も栄枝から明治十三年に襲名した。

三代目は本名下村庄太郎。江戸は芝の有名な駕籠屋「初音屋《はつねや》」の一人息子として、嘉永五年一月二十五日に生まれた。幼少のころから芸事が好きで、素人噺家の天狗連に入った後、芝で名を知られた幇間・桜川芝孝に弟子入りして幇間になる。その後噺家に転じて初代柳亭（談洲楼）燕枝門下となり、伝枝から明治十二（一八七九）年に燕柳で真打、三代目春風亭柳枝門下に移って右柳、さらに三遊亭圓朝門へ行って桃太郎團語から三遊亭圓玉、初代三遊亭圓遊門下で紫遊とめまぐるしく変わる。明治二十八（一八九五）年一月、六代目土橋亭《どきょうてい》里《り》う馬《ば》を襲名してようやく落ち着いた。柳派に戻って明治三十二（一八九九）年五月、柳朝の三代目を襲名、実家の名前から〝初音屋の柳朝〟と呼ばれた。芝居噺を得意とし、しばしば道具仕立てで演じていた。そのせいか滑稽噺の速記をあまり残していない。

明治三十八（一九〇五）年に誕生した「落語研究会」が大々的に宣伝される中で、これに対抗するように五代目都々一坊扇歌《どどいつぼうせんか》（のちの初代柳家つばめ）、三代目柳亭燕路らと「昔噺洗濯会」を創設し、若手の育成につくした。

息の長い人で、大正の末まで活躍しているが、なぜかその没年が詳《つまび》らかでない。柳朝の名は、その後弟子の柳福が継ぎ、その柳朝はのちに四代目柳家つばめを襲名。そののちは八代目林家正蔵門下の総領弟子であった照蔵が五代目を、春風亭一朝門下の朝之助が六代目を受け継いでいる。

41 「落語研究会」設立に尽力

初代 三遊亭圓左

さんゆうてい・えんさ◉1853〜1909

三遊亭圓左という名前は三遊亭圓右と並んで、圓朝門下の左大臣、右大臣に相当する。従ってその初代は、相当の芸の持ち主ということになる。

本名小泉熊山《ゆうざん》。嘉永六年（月日不詳）江戸は中橋に生まれた。父親は、成田屋仁作と名乗る幇間だったという。当人は鍼医を志し、十八歳のときに上野広小路の富田という有名な鍼医の門人になったが、一年半ほどで師匠に死なれてしまう。もともと修業に身が入らなかったところへフリーになったので、流しの鍼医とは名ばかり、治療などせずに、好きな寄席へ入り浸っていた。まもなく三遊亭圓朝の門に入り、鯉朝（理朝とも）と名乗る。明治四（一八七一）年のことだという。

明治九年ごろ、米朝と改名。上方の桂米朝とは関係ない。一時旅回りの役者になって市川扇米《せんべい》と名乗り、上州（群馬県）を巡ったが、まもなく復帰、鈍朝《どんちょう》と名乗った。明治十八年ごろ、圓左の名を許され、十九年に浅草並木の酒恵亭《さかえてい》で真打披露をした。このときに怪談噺をやりたかったのだが、師匠に「おまえは幽霊の出る噺をやる柄ではないから、妖怪の出る噺のほうがよい」と言われて、大入道や一つ目小僧の出る道具入りの噺で看板を上げたという。

師匠没後の明治三十四年十一月、四代目三遊亭圓生の引立てで三遊亭龍蝶と改名したが、二、三年で圓左に戻った。明治三十八年、四代目橘家圓喬、初代三遊亭圓右らに働きかけ、落語研究会設立に尽力したことは、特筆される功績である。「富久」「柳の馬場」など、人情がかった噺を得意とし、また新作にも力を入れた。明治四十二年五月八日、数え五十七歳で没。

42

「住吉町」「名人」

四代目 橘家 圓喬

たちばなや・えんきょう◉1865〜1912

圓喬の名前は、初代、二代目が山松亭《さんしょうてい》、三代目（のちの四代目圓生）が三遊亭で、この四代目は橘家である。しかし初代は三遊亭または立花屋等と書かれた資料もある。

本名桑原（のち柴田）清五郎。慶応元（一八六五）年九月二十一日、江戸は本所で生まれる。父は元武士だったが、明治維新後は葛籠屋《つづらや》をしていた。のちにラッパで人気を得た四代目橘家圓太郎と親戚だったので、清五郎は子供のころから三遊亭圓朝の楽屋に出入りしていた。八歳の明治五（一八七二）年ごろ、朝太の名前を貰って、圓朝に入門。

明治十一（一八七八）年ごろ、ラッパの圓太郎の前名である三遊亭圓好と改めた。

音曲噺を目指していたが、その後二代目三遊亭圓橘のすすめで素噺に転向した。芸はうまかったが、生意気だと仲間の評判が悪く、一時上方へ行っていたが、明治十八（一八八五）年に東京へ戻る。四代目三遊亭圓生の引き立てで、その前名圓喬を貰い、明治二十（一八八七）年に真打に昇進した。

芸はますます磨きがかかり、落とし噺はもちろん、長編人情噺、三題噺、上方系の噺と何でもござれの活躍で、師匠の名の圓朝襲名の話も出たが、仲間との折り合いが悪いために実現しなかった。大正元年十一月二十二日、数え四十八歳の若さで亡くなった。住まった地名から〝住吉町〟と呼ばれ、「怪談牡丹燈籠」「真景累ヶ淵」「塩原多助一代記」などの長編人情噺、「たらちね」「金明竹」の前座噺や「鰍沢」などに優れ、六代目三遊亭圓生に「自分が聴いた噺家のうちで、名人と言えるのは圓喬ただ一人だ」と言わせたほどだった。

43 圓朝の人情噺を後世に伝えた

二代目 三遊亭 小圓朝

さんゆうてい・こえんちょう◉1857〜1923

三遊亭小圓朝は、戦前まではこの人が初代で通っていた。戦後になって、のちに二代目三遊亭圓楽から三遊（亭）一朝になった人（昭和五（一九三〇）年没）が初代と認められたため、この人を二代目とするのが通説となった。本名芳村忠次郎。安政四（一八五七）年十二月十六日、江戸で生まれる。父は二代目三遊亭圓生門下の三遊亭圓流（のちに圓麗）で、三遊亭圓朝の兄弟子に当たり、幼少の圓朝をおぶって寄席通いをしたと言われている。忠次郎は数え十五歳の明治四年、圓朝に弟子入りして三遊亭朝松の名を貰った。前座を三年勤めて明治七年ごろに、橘家小圓太と改名し、まもなく神田弁慶橋の岩井亭で、道具を使って看板を上げた。小圓太は、圓朝と四代目圓生が名乗った名前だから、嘱望されていたようだ。

一時女のことで師匠をしくじり、旅回りをしていたが、二十五歳の明治十四年に東京へ帰って師匠に詫びを入れ、三遊亭圓花の名前で再出発した。その後もとの小圓太に戻ってから、明治二十五、六年ごろ三遊亭金馬で再び看板を上げた。これを金馬の初代としている。

明治三十六年八月、三遊亭圓馬と改名したが、大阪に二代目圓馬がいて、これから苦情が出たので、三十八年一月、小圓朝と改名した。このときは初代小圓朝と称したが、前述の通り今は二代目とされている。

四代目橘家圓喬や初代三遊亭圓右に及ばなかったが、圓朝の長編人情噺を忠実に覚え、後世に伝えるのに重要な役割を果たしている。落語研究会の設立にも尽力した。

大正十一年に脳出血で倒れ、一時回復したが、翌十二年八月十三日、数え六十七歳で亡くなった。

44 二代目圓朝襲名を許された

初代 三遊亭圓右

さんゆうてい・えんう◉1860〜1924

三遊亭圓右は三遊亭圓左と対になっている名前で、ともに明治十年代に誕生した。

本名沢木勘次郎。万延元年六月十五日、江戸で生まれた。伯父が三遊亭圓朝の囃子方をしていたので、楽屋で遊んでいるうちに面白半分で高座に上げられた。これがきっかけで、十三歳の明治五（一八七二）年ごろ、圓朝門下の二代目三遊亭圓橋に入門し、橘六の名を貰う。なかなか抜け目のない子供だったので、宝沢《ほうたく》と仇名された。徳川の天下を取ろうとした天一坊の幼名である。明治十年（一八七七）ごろ、三橋と改名した。

その後しばらく落ち着かない時期があった。初代談洲楼（柳亭）燕枝に入門しようとして断られたりしたが、明治十五（一八八二）年に圓右と改名、翌十六年一月に、圓朝譲りの芝居噺で真打に昇進した。数え二十四歳だった。

真打になってからは、芝居噺や得意の声色で頭角を現し、圓朝亡き後の明治三十年代後半には、四代目橘家圓喬との二枚看板で人気を二分した。これが大正年間になると、三代目柳家小さんとの二枚看板になる。また明治三十八（一九〇五）年の落語研究会設立には、発起人に名を連ねて尽力した。

大正十三年、三遊亭圓朝の二十七回忌のとき、圓朝の名跡を預かっている藤浦宗家から二代目圓朝襲名を許されたが、風邪をこじらせて肺炎にかかり、同年十月二十四日に病床で襲名したまま、高座に上がることなく十一月二日に亡くなった。数え六十五歳だった。芝居噺のほかは「火事息子」などが得意で、呼吸のよい芸だったという。

45 漱石に絶賛された噺家

三代目 柳家小さん

やなぎや・こさん◉1857～1930

小さんは、初代が春風亭、二代目は柳家よりも禽語楼として知られており、三代目でようやく柳家に定着した。本名豊島銀之助。安政四年八月三日、江戸の武士の家に生まれる。世が世ならば二本差して肩で風を切って歩いていたのだろうが、明治維新と芸事好きのため、常磐津の太夫になり、常磐津家寿太夫と名乗る。明治九年か十年だという。

信州に旅をしたとき、落語家の代演で高座で噺をすることになり、それがきっかけで、帰京した明治十五、六年ごろ、初代柳亭（談洲楼）燕枝に入門して燕賀と名乗った。まもなく三代目春風亭柳枝の門に移り、柳亭燕花で二ツ目に昇進。柳枝に可愛がられてその前名柳亭燕路をやると言われたが、二代目燕路の弟子から苦情が出たので、一時廃業する。明治二十年ごろ四代目都々一扇歌《どどいっせんか》の弟子で復帰、都川歌太郎と名乗った。

不遇でいるのを見かねた二代目小さんが引き取り、初代柳家小三治の名を与える。明治二十一（一八八八）年六月である。二十四年五月、小三治のまま真打となる。二十八年三月、小さんを襲名したときは、りっぱな大看板になっていた。このころから、上方の滑稽噺を移植して江戸落語に直し、噺の数を増やした功績は大きい。「うどん屋」「時そば」「宿屋の富」「らくだ」などである。また夏目漱石は明治四十一年、小説『三四郎』の中で「小さんは天才である。あんな芸術家は滅多に出るものじゃない」と絶賛した。

柳派からただ一人、落語研究会に参加して、孤軍奮闘していたが、昭和三年に弟子の四代目蝶花楼馬楽に名前を譲って引退、昭和五年十一月二十九日、数え七十四歳で亡くなった。

46 品川の圓蔵

四代目 橘家圓蔵

たちばなや・えんぞう◉1864～1922

五代目、六代目三遊亭圓生の師匠である。本名松本栄吉。元治元年（月日不詳）、江戸は浅草向柳原で生まれる。向柳原と言えば古着屋の多い所。生家も古着屋だった。数え十五歳で父、十九歳で母と死別したので、父の知人である人形遣いの西川力蔵一座に入り、修業をしたが、旅先で何度も御難に会うので嫌になり、落語家になろうと四代目三遊亭圓生に入門した。明治二十（一八八七）年六月、数え二十四歳は当時としては遅いほうだった。

三遊亭さん生の名前を貰い、三年後の二十三年九月、由緒ある橘家圓蔵の四代目になる。三十年十月、圓蔵のままで真打に昇進した。二ツ目のころから、立て板に水の能弁と意表をつく警句で頭角を現わし、「高尾」「お血脈」などの地噺や、能弁を活かした「弥次郎」「首提灯」などを得意とした。のちに芥川龍之介が「この人は全身舌だ」と感心したという。

明治三十八（一九〇五）年の落語研究会設立には、先輩を飛び越して発起人に加えられた。「抜擢されたけれど、一番先にネタに困るのは圓蔵だろう」と言われたが、始まってみると、誰よりも演題が豊富だったという。

品川の歩行《かち》新宿に住んで、芸者屋を経営していたので、〝品川の師匠〟〝品川の圓蔵〟と呼ばれた。柳派の三代目小さんと並んで門下が多く、のちの五代目と六代目の圓生のほか、三代目三遊亭圓遊、六代目橘家圓太郎、三代目三遊亭小圓朝、八代目林家正蔵らがいた。大正十一年二月八日、数え五十九歳の噺家としてまだ働き盛りで、急死した。

47

「よかちょろ」の遊三

初代 三遊亭 遊三

さんゆうてい・ゆうざ◉1840〜1914

三遊亭遊三は、三遊亭圓遊の遊を取って付けられた、圓遊門で発生した名前である。上から読んでも下から読んでも同じ名前の一つだ。本名小島長重。天保十一年（月日不詳）、江戸で生まれた。幕府の御家人だったが、遊芸好きで二代目五明楼玉輔に押しかけ入門して五明楼玉秀《たまひで》と名乗った。組頭に見つかって叱られてもやめず、雀家翫之助《すずめやがんのすけ》と名を変えて寄席出演を続ける。彰義隊に加わって敗れたのを機に一時廃業し、司法省に入って巡査ののち函館裁判所に勤める。ここで姦通事件被告女性の色香に迷い、不正判決をしたため免職、東京へ帰る。職業周旋屋をしていたが、かつての兄弟弟子志ら雀が、三遊亭圓朝門下で圓遊となり、羽振りのよいのを見て噺家に戻りたくなり、登龍亭鱗生（のちの六代目司馬龍生）の弟子となって鱗好と名乗った。しかし師匠が女と駆け落ちしてしまったので、圓遊門下に入り遊三となった。特異な経歴と博識多才を活かし、粋な芸風で人気上昇し、三遊派の重鎮となる。特に年増女を描かせたら無類で、「転宅」などは絶品だった。他に「厩火事」「お見立て」「権助提灯」などを得意にし、また侍の出だけにこれを描くのがうまく「素人汁粉」などで評判に。後世に伝えた功績はなんといっても「よかちょろ」と「火焔太鼓」。「よかちょろの遊三」と言われたこの噺は、八代目桂文楽が再び開花させた。また「火焔太鼓」は、五代目古今亭志ん生が復活させ「志ん生の火焔太鼓か、火焔太鼓の志ん生か」と言われた。

大正三年七月八日、数え七十五歳で亡くなった。遊三の名は妻の甥が継ぎ、現在は三代目。女優の十朱幸代《とあけゆきよ》はひ孫に当たる。

48 三柳の改名の一人

四代目 春風亭柳枝

しゅんぷうてい・りゅうし◉1868〜1927

本名飯森和平。明治元年九月（日不詳）、江戸で生まれる。父は元武士で、維新後は和歌や茶道の指南をしていた。十一歳から奉公に出されたが、芸好きのためどこへ行っても長続きしない。そのうちに親に内緒で初代松柳亭鶴枝《しょうりゅうていかくし》の弟子となり、鶴吉と名乗った。鶴枝は生人形《いきにんぎょう》の芸で有名な人である。そのうちに三代目春風亭柳枝のところへ連れて行かれ、春風亭枝雀となる。十八歳のころだという。

明治二十二（一八八九）年四月、都川扇之助と改名するが、翌年九月にまた枝雀に戻る。

二十七（一八九四）年四月、今度は柳家さん枝と改め、同年十二月に春風亭柏枝と目まぐるしく改名。柏枝は三代目に当たる。二十九年九月に初代春風亭小柳枝となり、池の端の「吹ぬき」という寄席で真打披露をした。

柳枝を襲名したのは、〝蔵前の師匠〟と言われた三代目が亡くなって一年たった明治三十四年十一月だった。前年、初代談洲楼燕枝も亡くなっているので、これで柳派の筆頭にのし上がったことになる。「傾城瀬川」「お祭佐七」など人情噺がかったもののほか、「狂歌家主」「紫檀楼古木《したんろうふるき》」といった狂歌の噺を得意としたのは、親譲りであろうか。

大正十（一九二一）年三月、有名な「三柳の改名」が派手に披露され、柳枝は隠居名の華柳になり、弟子の三代目小柳枝に柳枝を譲り、さらに弟子の柏枝を小柳枝にと、三人同時に改名したものである。このときの柏枝改メ小柳枝は、のちの六代目春風亭柳橋である。昭和二年春にNHKラジオ出演中に脳卒中で倒れ、四月二十日に帰らぬ人となった。数え六十歳であった。

49 弥太ッ平馬楽

三代目 蝶花楼 馬楽

ちょうかろう・ばらく◉1864～1914

蝶花楼馬楽は、金原亭馬生を主とする馬派の名前として誕生した。馬派は、名前それぞれに亭号が違う。蝶花楼は、瓢箪から駒（馬）を出す中国の張果老《ちょうかろう》仙人を洒落て付けられた。初代馬楽は初代馬生の門人だったが、のちに三代目麗々亭柳橋門下に移ったため、二代目馬楽は三代目柳橋門下の柳女が継いだ。そしてこの三代目から、同じ柳派の三代目小さん門下の名前となった。

本名本間弥太郎。元治元年八月二日、江戸は芝口一丁目の袋物屋に生まれた。十代のころから道楽三昧。身を持ち崩してばくち打ちの新場の子安のところに居候をする。宴席でやった噺家や講釈師の物真似が、三代目春風亭柳枝の目にとまり、入門を許されたのが明治二十（一八八七）年だった。千枝の名をもらう。プロになっても道楽はやまず、一時師匠の柳枝に破門され、桂市兵衛と名乗ったりした。その素質を惜しんだ三代目小さんが引き取り、明治三十一（一八九八）年五月に馬楽を襲名させた。このときはまだ二ツ目で、明治三十八年十月に馬楽のまま真打に昇進した。この年の三月に落語研究会で抜擢されたのが認められたと思われる。自由奔放な芸が人気を呼び、「長屋の花見」「居残り佐平次」などを得意とした。「長屋の花見」の中で「長屋中歯を食いしばる花見かな」と詠んだのは今でも語り草になっている。

絶頂期に精神を病んだため活躍期間が短かったが、歌人の吉井勇、作家の久保田万太郎らに愛された。明治四十三年四月発病後、入退院を繰り返し、大正三年一月十七日、数え五十一歳で亡くなった。妻子も弟子もなく淋しい死であった。

50

廓に通い過ぎて…

初代 柳家小せん

やなぎや・こせん◉1883～1919

柳家小せんの名は、柳家小さん門下では筆頭格の大きなものとされているが、その歴史は比較的新しい。出世名だった柳家小三治が、明治二十一（一八八八）年に登場しているのに比べ、明治三十年代にこの初代が、初めて小せんを名乗っている。

本名鈴木万次郎。明治十六年四月三日、東京は浅草区（現台東区）福井町で生まれた。父は四代目七昇亭《しちしょうてい》花山文《かざぶん》から二代目三遊亭萬橋になった音曲師である。

明治三十（一八九七）年、数え十五歳で四代目麗々亭柳橋に入門し、柳松と名乗る。明治三十三年に師匠が亡くなったので、三代目柳家小さん門下に移り、小芝から小せんになった。小せんになったのはいつなのかはっきりしないが、小芝でいた期間は短いと思われる。

兄弟子に前掲の三代目蝶花楼馬楽がいて、この人を敬愛するあまり、芸にも影響を受け、警句まじりの達者な口調で人気が上昇し、明治四十三（一九一〇）年四月、小せんのままで真打に昇進した。

だが好事魔多し。得意の廓噺の勉強に廓に通いすぎたためか梅毒にかかって腰が抜け、翌四十四年ごろからは白内障のために失明するという悲運に見舞われた。天才児も病のために高座を退かざるを得なくなり、以後は若手に噺の稽古をつけて、その成長に期待するようになった。

教えた廓噺は「居残り佐平次」「お見立て」「お茶汲み」「五人廻し」に、独特の「白銅」「とんちき」など。教えた噺家の中から、六代目三遊亭圓生、三代目三遊亭金馬らが出た。

大正八年五月二十六日、数え三十七歳で没。

51 お盆屋

二代目 三遊亭金馬

さんゆうてい・きんば◉1868〜1926

本名碓井米吉。慶応四年六月、江戸は京橋で生まれた。生まれて三か月で、年号が明治に。数え十歳のとき、赤羽の酒屋へ奉公し、のちに本所亀沢町の戸川というお盆屋に移る。そのため噺家になってからも〝お盆屋〟と呼ばれていた。芸事好きで、お盆屋に奉公しながら、天狗連と呼ばれる素人落語家の仲間に入っていた。近所で興行していた手品師・萬国斎併呑《ばんこくさいへいどん》に頼まれて出演したのが縁で、その弟子となり萬国斎併喜《へいき》と名乗る。その後、噺家・三遊亭圓麗に勧められ、圓麗の息子の橘家小圓太の弟子になって三遊亭太遊《たゆう》、二ツ目になって圓流と改名する。師匠が小圓太から初代金馬、圓馬を経て二代目小圓朝となったのちの明治三十九（一九〇六）年二月、金馬の名を貰って真打に昇進した。この前年に始まった第一次落語研究会に、四代目柳家小三治とともに前座に抜擢される。前座に「抜擢」はおかしいと思われるかも知れないが、落語研究会は権威のある会で、その前座に使われるのは、実力を認められ、将来を期待される若手ということになるのである。明治四十四年、師匠の小圓朝が、寄席のワリを廃止して月給制度を導入したが、反対が多くて失敗、小圓朝は旅に出ることになる。月給制度移行に采配を振るっていた弟子の金馬も同行するはめになる。噺家の地方興行は失敗が多いのだが、金馬は興行師としての才能を発揮、至る所で成功を収めた。「堀江の六人斬り」で両腕を失った芸者・松川屋妻吉（のち大石順教尼）など話題の人物を看板に使ったのである。以後東京にいるより旅回りのほうが多くなった。

大正十五年四月、金馬の名を初代三遊亭圓歌門下の圓洲に譲って自らは金翁となり、同年五月三日、数え五十九で没。

52　三代目小さんの片腕

二代目 柳家つばめ

やなぎや・つばめ◉1876～1927

柳家つばめの名は、初代柳亭（談洲楼）燕枝門下の本名三輪政吉が最初なのだが、なぜかこのつばめは代数に入れられず、のちに五代目都々一坊扇歌《どどいつぼうせんか》になった人を初代としている。その次がこの人である。

本名浦出祭次郎。明治九年二月十一日、東京は芝金杉で生まれた。家は米屋だという。二十歳のころというから明治二十八（一八九五）年ごろ、四代目麗々亭柳橋の門に入って柳輔の名を貰う。前座仲間に、のちに初代柳家小せんになった柳松がいた。

明治三十三（一九〇〇）年に師匠が亡くなったので、柳松とともに三代目柳家小さんに引き取られ、柳家小きんと改名。次第に頭角を現わし、明治三十八年三月、四代目柳家小三治を名乗る。このときは二ツ目のままで、明治四十四年四月に神田立花亭で小三治のまま真打の看板を上げた。柳松が小せんのままで真打になった一年後である。

小三治になったころ、師匠の娘と結婚したので、周囲からもあがめられ、羽振りがよくなって来た。落語研究会の前座にも、三代目蝶花楼馬楽、初代柳家小せん、二代目三遊亭金馬らとともに使われるようになった。

つばめを襲名したのは、大正二（一九一三）年四月で、このころがつばめの最盛期であった。以後は、三代目小さんのマネージャーとしての色彩が、だんだん濃くなって行く。そのマネージャーも、大正十二年九月の関東大震災以後は、三代目小さんと離れ、晩年は小唄の師匠のようになってしまった。

昭和二年五月三十一日、数え五十二歳で没。

東都噺家百傑伝

四

第四章　大正戦国時代～昭和戦前のスターたち

時代が変わって大正になると、柳派、三遊派の競合状態がくずれ、いくつもの派に分裂する戦国時代となった。関東大震災で打撃を受けた後、昭和初期の不況で寄席も沈滞するが、その中からラジオやレコードを利用した人気者が誕生した。

53 二代目さん

二代目 談洲楼燕枝

だんしゅうろう・えんし◉1869〜1935

本名町田銀次郎。明治二年二月二十五日、東京で生まれる。幼少のころから芸事好きで、素人落語家の天狗連に入り、遊雀（燕雀とも）と名乗った。まもなく英国人落語家の初代快楽亭ブラックの門人になり、快楽亭快楽となる。

明治二十七（一八九四）年十一月、二代目禽語楼小さんの弟子となって柳家小山三《こさんざ》を名乗った。小山三の初代は、のちに初代三遊亭三福となった人で、この小山三は二代目と思われる。翌二十八年三月、師匠が小さんの名を三代目に譲り、自らは柳家禽語楼となったとき、弟子の小山三も三代目小さんに譲られて、二代目柳家小三治と改名した。

明治三十（一八九七）年四月、初代談洲楼燕枝の門に移ったので、柳亭小燕枝と改名した。これがラッキーだった。小燕枝の初代は、のちに金原野馬之助《かねはらのうまのすけ》、四代目土橋亭里う馬から三代目柳亭燕路になった人、二代目は小燕枝ののちに何度も名前を変えて柳家小ゑんを最後に歌舞伎の囃子方・望月長兵衛になった。その次がこの小燕枝で、三代目に当たる。明治三十三（一九〇〇）年、初代燕枝に続いて、四代目麗々亭柳橋、三代目春風亭柳枝と、柳派は大物を次々に亡くし、大痛手を蒙《こうむ》った。そこで、翌三十四年十一月に春風亭小柳枝が小を取って柳枝の四代目を襲名した。それに続けとばかりに、小燕枝も小を取って燕枝を十二月に襲名した。さすがに談洲楼を名乗るわけには行かないと、柳亭燕枝だったが、十年あまり後の明治四十五（一九一二）年二月に、談洲楼を許された。

その芸は、人情噺はよいが滑稽噺はあまり面白くなかったと言われる。しかし六代目三遊亭圓生は、「私も若いころに聴いたときは、うまくないと思いましたが、晩年になって聴いたときは、うまいなと思いました」と語っている。

昭和になってからは、定席にはあまり出ず、好きなときに出演していたが、昭和十年七月六日、数え六十七歳で亡くなった。

54 落語睦会を設立

五代目 柳亭左樂

りゅうてい・さらく◉1872～1953

左楽の名は古くからあり、初代から三代目までは三笑亭で〝にんべん左楽〟と呼ばれて「佐楽」と書いていた。しかしこれは代数に入れず、佐楽から左楽に改めたと思われる人を初代柳亭左楽としている。だがこの人については、詳しいことはわかっていない。二代目は〝歯っかけ左楽〟と呼ばれた人。三代目は二代目左楽の弟子の左市が継いだ。四代目は初代談洲楼（柳亭）燕枝門下から三代目春風亭柳枝門に移った初代柳家枝太郎が名乗った。〝オットセイの左楽〟と呼ばれた。

さて五代目は、本名中山千太郎。明治五年三月五日、東京で生まれる。数え十七歳で噺家になった。最初の師匠は三代目春風亭柳枝門下の春風亭柳勢という人。春風亭勢太郎と名乗る。

日清戦争に従軍した後の明治二十八（一八九五）年七月、当時枝太郎といった四代目柳亭左楽に入門して柳亭春楽と改名する。二十九年二月、講釈師の初代伊藤痴遊の弟子になって春風舎痴楽と名乗った。これが痴楽の名の始まりである。翌年、四代目左楽のところへ戻って二代目柳家枝太郎となる。三十三年十月に初代柳亭芝楽となって、日露戦争に従軍した後、四十四（一九一一）年一月、左楽の五代目を襲名した。

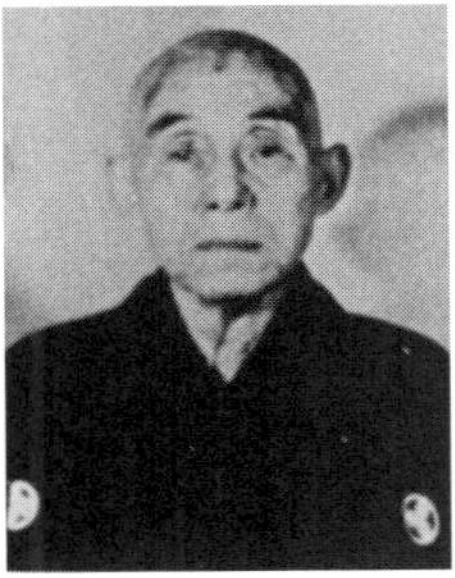

大正六（一九一七）年八月、東京寄席演芸会社が設立されると、それに対抗して落語睦会を作り、副会長から会長になって、多くの若手を育てた。その功績は大きい。

昭和十二（一九三七）年に睦会が解散した後は、長老として日本芸術協会に所属していた。その芸よりも、政治的手腕と人徳が高く評価されている。

昭和二十八年三月二十五日、数え八十二歳で亡くなった。

55 江戸っ子らしい芸

五代目 桂文楽

かつら・ぶんらく◉1864〜1925

昭和の名人といわれた八代目文楽の、一つ前の文楽である。八代目の前で五代目なのは、昭和の名人が二代飛ばして八代目と称したからで、この文楽のせいではない。

本名増田のち金坂巳之助。文久四年一月(日未詳)、江戸で生まれる。父は四代目桂文治(前名は司馬才賀)の門人・二代目桂才賀で、柳派の古老として若手に稽古をつけながら、芝神明で煙草屋をやっていた。

巳之助は十二歳のときに草履屋に奉公したが、不器用で草履の鼻緒がうまくすげられないので、見かねた父の才賀が家に呼び戻し、自分の弟子にして噺家の修業をさせた。最初の名前が桂小才。まもなく三代目春風亭柳枝の門下に移って、春風亭若枝《じゃくし》となる。明治二十一年十二月に、柳亭傳枝《でんし》を継ぎ、まもなく亭号を春風亭に改めた。この傳枝は六代目と思われる。
明治二十九（一八九六）年十二月、父の名である才賀の三代目を襲名した。弟の増田秀吉も噺家になり、兄の前名を継いで若枝から傳枝と名乗ったが、明治三十二年七月八日に数え二十三歳の若さで亡くなった。

文楽を襲名したのは、明治三十五（一九〇二）年五月。このときに真打に昇進している。文楽の名は、四代目が亡くなってから八年あまり空いており、この間に柳亭小燕路（のちの五代目金原亭馬生）と三遊亭花圓遊《かえんゆう》の間で襲名争いが起こるなど、トラブルが続出していたが、才賀の襲名で決着がついた。その芸は、若いころは客を軽蔑したような口調で評判は悪かったが、晩年は早口を生かして軽妙洒脱になり、地味ながら江戸っ子らしい芸になったという。

大正九年五月、翁家馬之助（本名・並河益義）に文楽を譲って、桂やまとと改名した。初代と三代目の文楽が、桂大和大掾《やまとのだいじょう》と改めたのにちなんだものと思われる。大正十四年四月に、もとの才賀に戻り、同月十九日に数え六十二歳で亡くなった。

56 せっかちの今輔・代地の今輔

三代目 古今亭今輔

ここんてい・いますけ◉1869～1924

今輔の名前は、初代は古今亭ではなく、五明楼だった。

だが、その今輔がのちに二代目古今亭志ん生を襲名したので、以後は古今亭今輔となる。三代目からは志ん生門下を離れて、独立した古今亭となった。

本名村田政次郎。明治二年六月二十七日、江戸改め東京に生まれる。子供のころから初代今輔改メ二代目志ん生の門に入り、志ん丸の名を貰った。志ん丸は二代目今輔の最初の名前であるから、スタート時点では志ん生と縁があったわけだ。明治二十二（一八八九）年三月に、古今亭志《し》ん猫《ねこ》と改名する。

この年の十一月二十四日、師匠の志ん生が亡くなったが、兄弟子の二代目今輔のところへは行かずに四代目三升亭小勝の弟子となり、三升亭小つねと名乗る。これには異説があり、小勝門下ではなく、三代目柳家小さん門下で柳家小つねとなったともいわれている。いずれにせよ、明治二十九（一八九六）年には三代目小さん門下で柳家小文吾と名乗っている。

明治三十年代の初めに、柳家小三治と改名。この小三治はのちの三代目小さん、のちの二代目燕枝に続く三代目である。三十三（一九〇〇）年二月に、小三治のまま真打に昇進し、三十七（一九〇四）年に、今輔の三代目を襲名した。

浅草の代地河岸に住んでいたので、〝代地の今輔〟また〝せっかちの今輔〟とも呼ばれた。静岡から東京へ帰るのに、汽車が横浜を出ると、もう鞄を持って出口に立っていたという。

音曲の入った噺が得意で、特に「囃子長屋」が有名。これは五代目の今輔に受け継がれた。

大正十三年八月十八日、数え五十六歳で亡くなった。

57 鶴本の志ん生

四代目 古今亭 志ん生

ここんてい・しんしょう◉1877～1926

昭和の名人、五代目古今亭志ん生の先代で、一時師匠でもあった人。本名から〝鶴本の志ん生〟と呼ばれた。

本名鶴本勝太郎。明治十年四月四日、東京で生まれる。数え十四歳のころ、石井清兵衛（春風亭柏枝・のちの四代目三升亭小勝）が身元引受人になって、二代目古今亭今輔に入門し、今之助の名を貰う。明治二十九（一八九六）年五月、兄弟子のむかし家今松が真打になって五代目雷門助六と改めたので、今松の名を継ぐ。二代目である。明治三十一年に師匠の今輔が亡くなると、五代目助六門下となる。明治三十七年ごろ、雷門小助六と改名した。まもなく落語研究会の前座に起用され、三代目蝶花楼馬楽、初代柳家小せんとともに、その本格的な芸が認められるようになった。明治四十三（一九一〇）年十二月、師匠の五代目助六が三代目古今亭志ん生を襲名。助六の名を継ぐべきところだったが、これを弟子の三代目都家歌六（青木鏡太郎）に譲り、自分はその一か月前に古今亭志ん馬を名乗って真打披露をした。この志ん馬は三人目だが、初代とされている。

大正元（一九一二）年十二月、六代目金原亭馬生を襲名する。大阪に五代目馬生が健在なので、名古屋から西では名乗らないという条件をつけての襲名だった。このときはこれでよかったのだが、のちに大阪の馬生が東京へ戻って来たのでややこしくなる。馬生が二人になったので、ビラの字の色で区別した。赤馬生が大阪、黒馬生が東京という具合である。この状態が四、五年続いたが、大正十三年十月に、黒馬生が四代目古今亭志ん生を襲名して、解消した。志ん生になってわずか一年と三か月、大正十五年一月二十九日、数え五十歳で亡くなった。

美声の持ち主で、噺の中で得意ののどを聴かせることが多く、口調も唄い調子でリズミカルだった。

58 東京と上方のバイリンガル

三代目 三遊亭 圓馬

さんゆうてい・えんば◉1882〜1945

八代目桂文楽や三代目三遊亭金馬ら、昭和戦後の落語全盛時代に活躍した人の多くは、若いころにこの人の指導を受けている。この人のおかげで、落語が栄えたと言っても過言ではあるまい。

本名橋本卯三郎。明治十五年十一月三日、大阪市北区大工町に生まれる。父は月亭都勇《つきていとゆう》と名乗る噺家。子供のころから落語に親しみ、七歳で高座に上がる。名前は月亭小勇。

やがて二代目笑福亭木鶴の門に入り、小鶴から都木松と改名した。その神童ぶりが、音曲の名人と言われた初代立花家橘之助の目に止まり、彼女の勧めで東京へ連れて来られる。明治二十六（一八九三）年、橘之助門下の立花家橘松で、東京の高座に上がった。

明治三十七（一九〇四）年の日露戦争に従軍した後、月亭小文都で地方を回り、明治四十一年の末に東京へ戻って、立花家左近と名乗る。折から始まった落語研究会に抜擢で起用され、東京落語ばかりでなく、上方落語を東京風にアレンジしたり、新作を演じたりと幅広く活躍する。四十二（一九〇九）年十二月に七代目朝寝坊むらくを襲名して真打に昇進した。

大正五（一九一六）年、後押ししてくれた橘之助や四代目橘家圓蔵と不仲になって、むらくの名前を取り上げられ、橋本川柳と改名する。地方を回った後に大阪へ行って、七年五月に圓馬の三代目を継いだ。二代目圓馬が自ら圓翁の隠居名になって推薦してくれたのである。

披露は東京の有楽座でも盛大に行われた。以後大阪の別格として活躍。芝居噺や人情噺を得意にしていたが、昭和二十年一月十三日、数え六十四歳で亡くなった。
東京と上方の両方の言葉を巧みに使い、それをうまく織り交ぜた「愛宕山」は絶品と称された。上方よりも東京の人によく理解された芸だった。

59 声色に長けていた

八代目 入船亭扇橋

いりふねてい・せんきょう◉1865～1944

扇橋の初代は、船遊亭扇橋といい、文化文政のころに活躍した人。〝音曲噺の元祖〟と言われる。以後七代目まで、船遊亭が続いたが、この八代目から入船亭に改めた。

本名進藤大次郎。慶応元年五月二十七日、江戸に生まれた。呉服屋に奉公し、芸事好きの主人の影響で、歌舞伎の声色などをやっているうち、二代目滝川鯉《り》かんの門に入って鯉三と名乗る。鯉かんは鯉三の素質を見抜き、「おまえはいつまでもうちにいる芸人ではない」と初代春錦亭柳桜（三代目麗々亭柳橋）の門人にしたのが明治十六（一八八三）年。

五年後、四代目麗々亭柳橋（柳桜の長男）の門に移って、滝川鯉橋《りきょう》の三代目を襲名した。

このころは、声色が寄席で重宝がられ、若いのに掛け持ちが多く、四軒も回ったことがある。その反動で、仲間にそねまれて、いじめられたという。明治二十七（一八九四）年三月に三代目春風亭柳枝門下となり、春風亭枝橋《しきょう》と改める。明治三十年、四代目春風亭柏枝《はくし》で真打に昇進、三十八年に船遊亭を入船亭に改めて、扇橋を襲名した。以来昭和十九年に亡くなるまで、四十年間の長きにわたり扇橋でいた。声色に長けていたほか、芝居も達者で、若いころから鹿芝居（噺家の演じる芝居）によく起用されたという。文筆も立って、『杉のかげ』『昔の芸道修業』『回顧五十年』などの著書を残している。鯉橋時代にいじめられたこと、特にのちの三代目蝶花楼馬楽が春風亭千枝といったころのいじめがひどかったことは、『昔の芸道修業』に書いてある。また俳句も宗匠級の腕前だったとは、のちの九代目扇橋と共通する。

昭和十九年十月八日、数え八十歳で亡くなった。実子の進藤勝利が、父の亡くなる一年前に三代目柳亭燕枝を継いだが、戦後は不遇だった。扇橋の名は、二十六年後の昭和四十五（一九七〇）年三月、五代目柳家小さん門下のさん八が九代目を継いで、大名跡を復活させた。

60 たいへんな艶福家

六代目 雷門助六

かみなりもん・すけろく◉1883～1934

助六は、初代立川（鳥亭）焉馬《えんば》の門から発生した古い名前で、四代目までは立川金馬の前名であった。経歴もはっきりしない。五代目からは古今亭志ん生一門の名前となり、はっきりして来る。

本名青木鏡太郎。明治十六年九月九日、東京で生まれる。小学校を出て、奉公に出されたが、どこへ行っても勤まらない。母親は仕方なく自分の弟のところへ連れて行った。この弟が、四代目柳亭左楽であった。叔父のところへ入門して、柳亭左太郎の名をもらう。明治三十（一八九七）年ごろだという。

三十五年ごろに柳亭左市と改めて二ツ目になる。まもなく、五代目雷門助六（のち三代目古今亭志ん生）の門に移って三代目都家歌六で真打に昇進した。志ん生門下には、先輩の雷門小助六（のちの四代目志ん生）がいて、芸を競い合った。助六の名は、この兄弟子が継ぐべきところを、金二十円を兄弟子に支払って助六の名を譲ってもらい、明治四十三（一九一〇）年十二月に、六代目助六を襲名した。兄弟子は一足先に、古今亭志ん馬を名乗った。

五代目柳亭左楽が頭取を務める落語睦会で、左楽を補佐しながら活躍、「春雨宿」「鈴が森」など独特の噺と、粋な踊りで人気を得た。また大変な艶福家で、常時四、五人の女性がいたので、なかなか本宅には帰らなかったという。

昭和になると地方回りが多くなり、東京の寄席に出る機会が少なくなった。昭和八（一九三三）年、まだ数え五十一歳の若さで引退を決意し、引退興行で地方を回っていたが、静岡の興行を前にして脳出血で倒れ、そのまま意識が戻らず、昭和九年五月六日に亡くなった。実子の雷門五郎は、劇団を作って落語から離れ、助六の名は五代目左楽門下の春風亭梅橋が継いだが、そののち五郎が八代目を襲名した。

61　今西の正蔵

六代目 林家正蔵

はやしや・しょうぞう◉1888～1929

正蔵になってから三十五年間、数え百歳まで生きた〝沼津の正蔵〟の次の正蔵である。〝沼津〟が正蔵を襲名した明治二十一年の十一月五日、東京で生まれた。本名今西久吉。二代目柳亭（のち談洲楼）燕枝の門に入り、柳亭桂枝の名をもらう。明治四十一（一九〇八）年三月に芝の寄席「恵智十」で初高座を勤めたという。三年後の明治四十四年五月には、五明楼春輔と改めた。これは四代目五明楼玉輔の前名で、二代目か三代目に当たる。そして大正四（一九一五）年二月には、燕枝門下の出世名、柳亭小燕枝の六代目を襲名して真打に昇進した。入門からわずか七年で披露目をするのは、当時としても早い出世である。

小燕枝になると頭角を現わし、大正六年に設立された月給制度の東京寄席演芸会社に所属したが、翌年会社を見限って、睦会に移る。その年の四月、正蔵の六代目を襲名した。すでに沼津に隠居していた五代目を訪問し、正蔵の名を譲り受けたのである。

睦会では、春風亭小柳枝（のちの六代目春風亭柳枝）、春風亭柏枝（六代目春風亭柳橋）、翁家馬之助（八代目桂文楽）らと並んで若手真打として活躍し、睦会の発展に大きな力となった。「居残り佐平次」が大得意で、このほか「品川心中」や「山崎屋」などの廓噺、正蔵の名にふさわしい怪談噺や人情噺を得意とし、一方で新作にも取り組んだ。

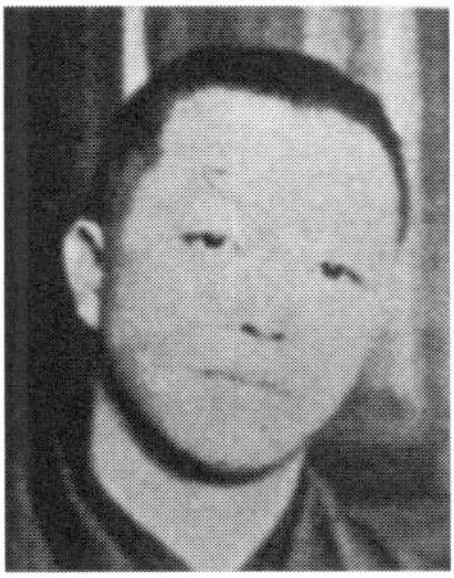

また落語の研究にも手を染め、噺家の墓を調査した『墓誌』を昭和三（一九二八）年に編纂している。これは後世貴重な資料として研究に役立っている。ほかに『落語家の特長調べ』という小冊子も出している。
昭和四年四月二十三日、神田立花に出演中に胆石で倒れ、二十五日に数え四十二歳で亡くなった。門下には紙切りの初代林家正楽がいる。

62 ゴミ六の柳枝・横浜の柳枝

六代目 春風亭 柳枝

しゅんぷうてい・りゅうし◉1881〜1932

本来は五代目の柳枝なのだが、当時「五代目」といえば柳亭左楽のことだったので、遠慮して一代飛ばして六代目と称した。

本名松田幸太郎。明治十四年一月（日不詳）、横浜で生まれる。父は横浜の消防の頭《かしら》で、居留地のゴミ清掃を引き受けていたので、〝ゴミ六と言われていた。後年〝ゴミ六の柳枝〟〝横浜の柳枝〟と呼ばれたのは、そのためである。

横浜商業学校を卒業して商館に勤めているうちに素人落語家となり、一枝と名乗った。だんだんエスカレートして、寄席を借り切って落語会を開くほどになり、ついに三代目柳家小

さんの門に入る。柳家さん枝と名乗って、明治四十三（一九一〇）年三月、日本橋木原店《きわらだな》で初高座に上がった。数え三十歳の遅咲きであった。

その後、望まれて四代目春風亭柳枝の門下となり、大正二（一九一三）年二月に人形町の鈴本で春風亭小柳枝と改め、真打に昇進した。入門から真打までわずか三年、異例の早さである。素人時代も加味されたのであろうが、実家の財力が大きく物を言ったようだ。

羽振りのよさも手伝って、人望も厚く、睦会では参謀格で活躍、大正十（一九二一）年三月には、ついに師名柳枝を譲られた。

師匠四代目は隠居名の春風亭華柳になり、小柳枝の名は後輩の柏枝《はくし》（のちの六代目春風亭柳橋）が継いで、三人同時に華やかに襲名披露が行われた。

横浜商業を出ているだけに、当時の落語家としてはインテリで、また読書を好み、江戸文学に詳しかった。得意の出し物は「桃太郎」「野ざらし」など。妻は新内語りで、富士松和佐之助と名乗っていた。

昭和七年三月一日、数え五十二歳で亡くなった。

柳枝の七代目は、五代目左楽門下の五代目柳亭芝楽が継いだ。

63 まったくの話が…

五代目 三升家小勝

みますや・こかつ◉1858〜1939

小勝の名は、四代目までは三升亭だったが、この五代目が途中から三升家に変えた。三笑亭と間違えやすいからであろうか。

本名加藤金之助。安政五年六月六日、江戸で生まれる。明治六（一八七三）年、数え十六歳で四代目翁屋さん馬に入門した。このさん馬は桂文七だった人で、四代目三笑亭可楽の養子になった人。さん馬からさん八の名を貰ったが、同年師匠が亡くなったため、五代目林家正蔵（当時正鱗？）の一座に加わって、怪談噺の幽霊役で地方回りをした。東京へ戻ってからは、鈴々舎馬風の門人となって、鈴々舎風鏡と名乗る。この馬風は、三代目と思われる。

ここにいたのもわずかで、初代蜃気楼龍玉《しんきろうりゅうぎょく》の門に移っているが、何と名乗ったかは不明。明治九（一八七六）年ごろに、歌舞伎の中村梅三郎の弟子になり、お女三《めぞう》と名乗る。地方で御難に遭って噺家に戻り、二代目禽語楼小さん門下で柳家小蝠《こふく》。明治十八（一八八五）年ごろ三代目春風亭柳朝の門人となって桃多楼團語《ももたろうだんご》から春風亭燕柳《えんりゅう》と改名した。

しかし落ち着かず一時廃業。工場の監督をしたり、品川で神主になったりしているうち、明治三十三（一九〇〇）年パリの世界大博覧会に参加する芸者一行の世話役としてフランスに渡る。帰国後は再び柳朝の門下に戻って燕柳。明治三十六年ごろ二代目春風亭柳條《りゅうじょう》で真打となり、ようやく落ち着いた。

明治四十年二月、小勝の五代目を襲名。大正になって亭号を三升亭から三升家に改めた。大正十五年に東京落語協会の会長となった。大ネタはやらず、駄洒落まじりの毒舌警句と社会風刺が売り物。「まったくの話が……」が口癖で、「三国志」「熊坂」などの珍しい地噺を得意とした。八十を過ぎても元気に活躍していたが、昭和十四年五月二十四日、数え八十二歳で亡くなった。門下には四代目柳朝（のち四代目柳家つばめ）がいる。

64 根岸の文治

八代目 桂文治

かつら・ぶんじ◉1883〜1955

一代限りで大阪へ行っていた文治の名を、東京に戻した人である。

本名山《やま》路《じ》梅吉。明治十六年一月二十一日の生まれ。初め義太夫語りで、竹本識太夫門下で識故太夫と名乗った。一説には竹本梅太夫といったというが、識故太夫のほうが正しそうだ。

噺家になったのは明治三十一（一八九八）年五月で、六代目翁家さん馬（のちの六代目三笑亭可楽）の門に入ってさん勝と名乗った。母が六代目桂文治の後妻となったので、文治の養子となる。明治三十五年五月、桂才賀の四代目となって二ツ目に昇進、三十九

年九月から大阪へ修業に行き、三代目桂文枝の門下に入る。四十一年、桂慶枝と改名。四十三年、師匠文枝の死に伴って二代目三遊亭圓馬の門に移り、二代目小圓馬となった。まもなく帰京して、桂大和《やまと》を名乗ったのち、大正二（一九一三）年四月、七代目翁家さん馬を襲名した。この間どこで真打になったのか、先人たちの調査を見てもはっきりしない。さん馬になってからは大いに売り出し、第一次落語研究会の前座にも使われた。この会の前座は、売れっ子で将来を嘱望されている若手しか出演できなかった。

大正十一年十月、文治の八代目を襲名した。文治の名は、養父の六代目が晩年に大阪の二代目桂文團治に七代目を譲ったが、七代目が引退したので東京へ返してもらったのである。

黒くて長い顔なので、四代目柳家小さんが〝写真の原板〟と仇名をつけた。「祇園会」が十八番で、ほかに「縮みあがり」「本堂建立」など、現在では演じられていないものを得意にしていた。根岸に住んでいたため〝根岸の文治〟と呼ばれた。

昭和二十二年から落語協会の会長となり、三十年五月二十日、数え七十三歳で亡くなった。

65 ハイカラ落語

初代 柳家三語楼

やなぎや・さんごろう◉1875～1938

三語楼の初代とされているが、実はこの前に一人、三語楼を名乗った人がいる。初代三遊亭圓遊門下の花圓遊《かえんゆう》が、明治三十四（一九〇一）年に三代目柳家小さんの弟子になって、三語楼を名乗った。しかしすぐに花圓遊に戻り、実績のない人なので、代数から外されている。

本名山口慶二。明治八年三月（日不詳）、横浜に生まれる。実家は運送業。セント・ジョセフ・カレッジなる洋風の学校卒業という、当時としてはインテリで、外人商社に勤めていた。何の因果か落語好きで、横浜の素人天狗連を経て、明治四十三年に四代目橘家圓喬に入門したときは、なんと数えの三十六歳だった。橘家右圓喬と名乗ったが、まもなく師匠に死なれて大正二（一九一三）年に二代目燕枝の門に移り、燕洲となる。さらに三代目柳家小さん門下となって、大正五年二月に三語楼で真打に昇進した。

商社勤めのキャリアを生かして、英語まじりの新しいギャグをふんだんに取り入れたナンセンス物で、たちまち人気者になる。邪道と言われながらも、若い知識層に受け、落語界でも勢力を増して、大正十五年十二月には東京落語協会を脱退し、新たに落語協会（俗に三語楼協会と呼ばれる）を設立した。このころの弟子には、柳家金語楼、柳家菊語楼（のち二代目三語楼）、初代柳家権太楼、二代目柳亭市馬、七代目柳家小三治（のちの七代目林家正蔵）、三味線漫談の初代柳家三亀松らがいて、その後、のちの五代目古今亭志ん生が加わった。

しかし、金語楼の日本芸術協会設立や自身の人気低下などで、昭和五（一九三〇）年に三語楼協会を解散し、東京落語協会に戻る。このころは新作よりも人情噺などをやるようになったが、人気回復までには行かなかった。

昭和十三年三月十日に生まれた五代目志ん生の次男に、強次《きょうじ》と名付けた。のちの三代目古今亭志ん朝である。これを置きみやげに、同年六月二十九日、数え六十四歳で亡くなった。

66 デブの圓生

五代目 三遊亭 圓生

さんゆうてい・えんしょう◉1884〜1940

圓生の名は、明治三十七（一九〇四）年に四代目が亡くなってから長く空席だった。継ぐべきはずの四代目橘家圓蔵が、襲名しなかったからである。その圓蔵が亡くなって三年後に、五代目が誕生した。二十一年ぶりである。

本名村田源治。明治十七年十月（日不詳）、東京は芝で生まれる。数え六歳のとき、大工だった父親が米相場に失敗し、妻子を置き去りにして逐電してしまう。親戚の厄介になって、明治三十年に足袋屋に奉公に出たが、五年後に奉公先を飛び出して、剣術の修業を始める。

やがて地方回りの噺家の一座に加わったのが縁で、四代目橘家圓蔵の弟子になるのが明治三十八（一九〇五）年、橘家二三蔵《ふみぞう》の名前を貰う。

明治四十二年、橘家小圓蔵で二ツ目に昇進した。このころ、三遊の若手三羽烏として注目されるようになる。あとの二人は遊福（のちの立川ぜん馬）、右左喜《うさぎ》（のちの古今亭志ん上）で、後年売れたのは二三蔵だけだから、若いころの評判は当てにならない。

明治四十五（一九一二）年五月、三代目三遊亭圓窓で真打披露をする。大正四年三月から約一年半、アメリカを巡業して回ったというからすごい。十一年二月、師匠の没後すぐに五代目橘家圓蔵を襲名、芝宇田川町で、寄席・三光亭を経営した。

大正十四（一九二五）年一月、五代目圓生を襲名。圓蔵の名は、義理の息子の四代目圓窓（のち六代目圓生）に譲った。所属する会は、東京落語協会から睦会、三語楼協会から睦会に戻るというように、めまぐるしく変わり、睦会では会長を務めたが、昭和九（一九三四）年に東京落語協会に戻った。豪放と色気を兼ね備えた芸で「三十石」「首提灯」などを得意としたが、昭和十五年一月二十三日、数え五十七歳で亡くなった。

67 評価が分かれる

四代目 柳家小さん

やなぎや・こさん◉1888～1947

評価の分かれている人である。名人だという人もいれば、単調で面白くない芸だとけなす人もいる。筆者は、やや地味なだけで、うまい芸だと思う。

本名大野のち平山菊松。明治二十一年四月十八日の生まれである。明治三十九（一九〇六）年、三代目柳家小さんに入門して、柳家小菊と名乗った。明治四十一年に二ツ目に昇進して、小きんと改名した。

大正二年四月に、小さん門下の出世名である小三治を名乗る。このときはまだ真打ではなく、五年二月に小三治のまま真打に昇進した。七年三月、四代目蝶花楼馬楽を襲名する。

昭和三年四月、三代目小さんの引退（同年一月）に伴い、四代目小さんを継いだ。馬楽の名は三代目三遊亭圓楽（のちの八代目林家正蔵）に譲って、同時に襲名披露を行った。

落語協会に所属していたが、昭和九年に東宝名人会が出来たときに、東宝の専属となった。三代目三遊亭金馬のように落語協会を除名されたわけではなく、名簿上は東宝の所属だが、弟子の柳家花之丞（のちの六代目蝶花楼馬楽）や柳家栗之助（のちの五代目小さん）は落語協会に残したままであったので、現実は両方に所属しているようなものであった。昭和十八年五月の「講談落語協会名簿」では、第一班（落語協会）に所属している。

戦後は六代目一龍斎貞山の後を継いで落語協会の会長となったが、二十二年九月三十日、

上野鈴本での「三十日会」に出演後に楽屋で倒れ、急死した。

師匠の三代目小さん同様、滑稽噺を得意とし、「ろくろ首」「かぼちゃ屋」などの与太郎物、「長屋の花見」「出来心」「芋俵」「二人旅」「お化け長屋」などを得意とした。その場で爆笑させるよりは、聴き終わった後に「よかったな」と感心させるような芸であった。新作にも熱心で、最後の高座は「鬼娘」という新作であった。享年六十（数え）。

68 噺家の兵隊

初代 柳家金語楼

やなぎや・きんごろう◉1901～1972

戦前は新作落語、戦中から戦後にかけては喜劇役者として活躍した。

本名山下敬太郎。明治三十四年二月二十八日、東京は芝で生まれる（三月十三日生まれ説もある）。実家は葉茶屋で山下園という。

明治四十（一九〇七）年、六歳で品川の寄席「古今亭」に出演したのが初高座。二代目三遊亭金馬門下で三遊亭金《きん》登《と》喜《き》と名乗った。「子供と動物にはかなわない」というが、初高座は大受け。のちに父親の稲太郎も、金馬門下で金勝と名乗った。

大正二（一九一三）年に三遊亭小金馬となったが、その後、旅の多かった金馬門下から三代目柳家小さん門下に移り、大正九年六月、柳家金三で真打となった。十九歳である。翌十年、朝鮮羅南七十三連隊に入隊したが、まもなく病にかかり、頭髪が抜ける。折からの軍縮のおかげで、一年で除隊した。その軍隊時代の体験を「落語家の兵隊」と題して高座にかけたところ、大いに受けた。

　大正十三（一九二四）年六月、神田立花亭で柳家金語楼襲名披露を行う。これは最後に柳家禽語楼と名乗った二代目小さんの遺族と、三代目小さんの了解を得ての襲名だった。まもなくヒコーキレコードからSP盤「噺家の兵隊」を出したところ大当たり、以後続々と自作の新作落語のレコードを出し、売りまくった。

　昭和五（一九三〇）年、日本芸術協会を設立、六代目春風亭柳橋を会長にすえて、自らは副会長に収まった。このころから新作落語に加えて劇団を組織して舞台でも活躍した。

　戦後は喜劇俳優として、昭和四十三年から四年間、喜劇人協会会長を務めた。四十七年十月二十二日、七十一歳で没。「有崎勉《ありさきつとむ》」のペンネームなどで創られた新作落語は、「ラーメン屋」など、今も多く高座にかけられている。

69 エヘへの柳枝

七代目 春風亭柳枝

しゅんぷうてい・りゅうし◉1893〜1941

七代目柳枝よりも、その前の名前・柳亭芝楽で活躍した期間のほうが長く、レコードも多く出している。

本名渡辺金太郎。これは同時代に活躍した六代目春風亭柳橋と同姓同名である。明治二十六年九月（日不詳）、東京で生まれる。明治四十三（一九一〇）年、五代目柳亭左楽に入門し、左太郎の名を貰った。大正五、六年ごろ、福楽で二ツ目。七年に春風亭楓枝と改名した。四代目と思われる。

大正九年十二月、師匠の前名柳亭痴楽の二代目を継いで真打に昇進した。昭和二年十一月、五代目柳亭芝楽と改め、九年十一月、七代目春風亭柳枝を襲名した。柳枝門下ではないのに継ぐことができたのは、師匠五代目左楽の力によるものであろう。本来なら柳枝門下の八代目春風亭柏枝《はくし》が継ぐべきところ、まだ若いからと芝楽に回って来たとの説もある。

芸風は、陽気でリズミカルな歌い調子で、ところどころに「エッヘッヘ」という言葉を入れて調子をとった。それゆえに〝エヘへの柳枝〟と呼ばれた。また、当時のSPレコードは片面三分の短いものだったので、その範囲内で噺を面白くまとめるのがうまいと重宝がられ、芝楽時代から吹き込んだレコードは百枚を優に超えている。東京の落語家では柳家金語楼と並ぶ多さである。レコードは「堀の内」「道灌」「浮世床」などで、マクラを一席に仕立てた「ご同伴」「別れの鐘」「恋わずらい」などが面白い。二枚続きの「五人廻し」もある。

夫人は常磐津の岸沢式多女《しきため》で、当時、岸沢式多津《しきたつ》といった俗曲・西川たつと女道楽のコンビを組んで寄席で活躍していた。

昭和十六年一月十四日、数え四十九歳の若さで亡くなったのは惜しまれる。弟子にはのちに「綴り方狂室」で売った四代目柳亭痴楽がいる。

70 「ドーモすいません」の元祖

七代目 林家正蔵

はやしや・しょうぞう◉1894～1949

初代林家三平の父、九代目林家正蔵と二代目林家三平の祖父である。

本名山崎のち海老名竹三郎。明治二十七年三月三十一日、東京は三の輪に生まれる。風呂桶屋に奉公しながら、セミプロの天狗連で活躍していた。

大正九（一九二〇）年、初代柳家三語楼に入門して、柳家三平と名乗る。時に二十六歳、当時としては遅い入門だった。しかし天狗連で下地ができているので、四年後の大正十三年三月、七代目柳家小三治を襲名して真打に昇進した。

以来、三語楼門下の重鎮として活躍していたが、四代目柳家小さんから「小三治の名前はうちの物だから返してほしい」と言われた。断ると、小さんは一門の小ゑんに八代目小三治を襲名させ、小三治が二人できてしまった。昭和四（一九二九）年三月のことである。そこで三平改メ小三治は、昭和五年二月に七代目正蔵を襲名して、「二人小三治」を解消した。

まもなく六代目春風亭柳橋らが作った日本芸術協会に加入し、昭和十七（一九四二）年ごろ、東宝の専属になった。戦後も東宝の専属に残り、長男の海老名栄三郎を林家甘蔵《あまぞう》の名で東宝の前座とし、まもなく林家三平と改名させた。これが後年人気者となった初代三平だが、父親の正蔵はその三平の活躍を見ることもなく、昭和二十四年十月二十六日、数え五十六歳の若さで亡くなってしまった。

得意は「源平」などナンセンスな古典落語と新作で、古典をやっても常に新しい感覚のギャグをふんだんに使った。頭のてっぺんから出るような声での「ええ、林家正蔵です。ドーモすいません」がキャッチ・フレーズだった。この「ドーモすいません」が三平に伝承されるわけだが、三平のようにあわただしい感じではなく、ゆったりとしていた。

71 芸術協会の創始者・初代会長

六代目 春風亭柳橋

しゅんぷうてい・りゅうきょう◉1899～1979

柳橋は、初代から五代目までは麗々亭だったが、この六代目から春風亭に変わった。

本名渡辺金太郎。明治三十二年十月十五日、東京で生まれる。明治四十二年、子供の落語家として四代目春風亭柳枝に入門した。名前は春風亭柳童。同じころ、やはり子供の落語家で橘家圓童が誕生、のちの六代目三遊亭圓生である。どちらも大成したのは珍しい。

大正四（一九一五）年ごろ、春風亭枝雀と改めて二ツ目に昇進。二年後の八月、春風亭柏枝《はくし》で真打となった。わずか十九歳の真打である。この柏枝は、七代目と思われる。

このころ、月給制度の寄席演芸会社が結成され、それに反対する四代目柳枝、五代目柳

亭左楽らが落語睦会を作った。柳枝の弟子だから当然睦会に参加、若手登用の恩恵を受けて、大正十年三月、四代目春風亭小柳枝を襲名した。このときは、師匠の柳枝が隠居名の華柳に、兄弟子の三代目小柳枝が五代目柳枝になって、三人同時に披露をしたので、「三柳の改名」と言われた。

大正十五年二月、これまでの麗々亭を春風亭に改めて柳橋を襲名、代数は初代とせず、六代目と称した。昭和五（一九三〇）年十月、柳家金語楼と組んで日本芸術協会を設立、会長に就任した。以後昭和四十九（一九七四）年まで、四十四年間も会長の座にあった。

大正の末から昭和の戦前にかけて、新感覚の落語で大いに売れまくった。「うどん屋」を「支那そば屋」に、「掛取萬歳」を「掛取早慶戦」に改作して、レコードでも売れた。芸風は流れるような独特の口調で、ほかに「青菜」「時そば」「天災」「笠碁」などを得意とした。

戦後は芸術協会の会長を続けながら、ＮＨＫラジオの「とんち教室」のレギュラーとなり、活躍していたが、昭和五十四年五月十六日、七十九歳で亡くなった。

72 「居酒屋」の爆笑王

三代目 三遊亭金馬

さんゆうてい・きんば◉1894～1964

古典と新作による爆笑派で、独自の道を歩んで大いに売れた人である。

本名加藤専太郎。明治二十七年十月二十五日、東京で生まれる。大正元（一九一二）年、講釈師揚名舎桃李《ようめいしゃとうり》の門に入ったが、講談をやっても客が笑ってしまうので、落語家になったほうがよいだろうと、翌年初代三遊亭圓歌の門に移る。付けられた名前が、本名の加藤をもじった歌当《かとう》。大正四（一九一五）年、二ツ目に昇進して三遊亭歌笑と改めた。

翌年、七代目朝寝坊むらく改〆橋本川柳（のちの三代目三遊亭圓馬）に従って旅に出て、川柳の芸を学んだ。旅から帰って大正八年十二月、三遊亭圓洲となり、翌年九月、圓洲のまま真打に昇進した。

大正十五（一九二六）年四月、二代目存命中（同年五月没）に金馬の名を譲られ、三代目を襲名。昭和に入って五年に大阪のニットーレコードから「居酒屋」のSP盤を発売したところ、これが大ヒットとなって、金馬の名前は全国に知られた。その後も毎月のようにレコードを出し、その数百六十枚を超えた。

昭和九（一九三四）年、発足した東宝名人会と専属出演の契約を結ぶ。これに寄席の組合が反対したので、他の者は契約を解除したが、金馬だけは一人東宝に残ったため、落語協会を除名される。以後最後まで協会に戻らなかった。

戦後民間ラジオ放送ができて、落語番組が増えた。各局は有名落語家を専属にしたが、金馬はこちらもフリーで通したため、すべての局に出演し、年間放送回数はいつもトップだった。

昭和二十九年、釣りの帰りに千葉県佐倉の鉄橋で列車にはねられてけがをし、以後釈台を使って高座を務めた。昭和三十九年、弟弟子の二代目三遊亭円歌が亡くなると、そのために気落ちしたのか急速に衰え、同年十一月八日、七十歳で亡くなった。

73「野ざらし」の柳好

三代目 春風亭柳好

しゅんぷうてい・りゅうこう◉1888～1956

厳密に数えると、この柳好は五代目になるのだが、当人は三代目と称した。のちに初代麗々亭柳橋になった人と、七代目船遊亭扇橋になった人以外は認めなかったためと思われる。

本名松本亀太郎。明治二十一年四月二十四日、東京で生まれる。有名な人なのに、噺家になるまでの経歴がわかっていない。明治四十五（一九一二）年二月、二代目談洲楼燕枝に入門した。ちょうど師匠が、亭号を柳亭から談洲楼に変えたときだった。前座名は柳亭燕吉。牛込亭で初高座を踏んだ。

その後、柳亭燕玉、柳亭燕雀を経て、大正三（一九一四）年ごろ、柳亭錦枝と改めた。そして、東京寄席演芸会社から睦会へ移り、四代目春風亭柳枝の門下となって、大正六年に柳好を襲名し、真打に昇進した。このころから「がまの油」と「野ざらし」で売り出し、寄席の高座に上がると、客席から「がまっ」「野ざらしっ」と声がかかる。あちらを立てればこちらが立たずで、こうなるとどちらか一つをやるというわけにはいかない。客に断わって、「棒だら」「ずっこけ」など、酔っ払いの噺をやった。大正の末には、八代目桂文楽、六代目春風亭柳橋、初代桂小文治とともに〝睦の四天王〟と言われた。

しかし昭和になると不況が訪れ、噺家の生活は苦しくなる。副業におでん屋をやったが、うまく行かず、昭和七（一九三二）年六月、ついに噺家をやめて幇間に転向した。ところがこれも思うようには行かず、翌年十月、睦会に復帰した。しかし端席ばかり出演させられるので、睦会をやめ、九年三月から日本芸術協会に移籍する。

その芸は、四代目古今亭志ん生譲りの唄い調子で、独特のリズムとメロディーがあった。

昭和三十一年三月十四日、ラジオ東京（現ＴＢＳ）で「穴どろ」の収録を終えた後、脳出血で亡くなった。六十七歳だった。

74　皮肉な芸で売り出す

初代 柳家権太楼

やなぎや・ごんたろう◉1897～1955

初代柳家三語楼門下の中で、三語楼の皮肉なギャグを一番よく受け継いでいた。

本名北村市兵衛。明治三十年十月二十日、東京は本所で生まれる。初め大阪で人形浄瑠璃文楽の太夫となり、竹本越羽太夫と名乗った。名前から察するに、越路太夫《こしじだゆう》の門下だったのであろう。大正十（一九二一）年に東京へ戻り、当時人気絶頂だった初代柳家三語楼の門に入って、柳家語《ご》ん太《た》と名乗る。

大正の末年に権太楼と改め、昭和二（一九二七）年二月に同名のまま真打に昇進した。真打になったといっても、まだ無名で貧乏のドン底。当時柳家東三楼といった五代目古今亭志ん生と一緒に、家賃の安い笹塚の家に引っ越している。

昭和五（一九三〇）年十月、三語楼協会から兄弟子の柳家金語楼が設立した日本芸術協会へ移った。しかし金語楼とは合わず、六年一月に柳家菊語楼とともに芸協を飛び出し、フリーとなる。同年七月、正岡容《いるる》が中心の文芸落語自由連盟に加入したが、まもなく正岡がやめたため団体は解散してしまった。フリーに戻った後、八年六月に睦会に加入する。

睦会の業績が衰えて行くのを見てとったのか、十二年一月にさっさと退会し、またフリーになる。まもなく芸協に戻り、十四年東宝名人会の専属になって、ようやく落ち着いた。

昭和十年代が人気絶頂の時代で、「猫と金魚」「猫と電車」「ぐずり方教室」などの新作で、高座ばかりではなく、SPレコードや、雑誌『キング』などの速記でも大いに売れた。

戦後も東宝専属だったが、昭和二十四年五月に脳出血で倒れた上に失語症にかかり、闘病生活に入る。幸い二十七年の秋に芸協の客員として高座に復帰できたものの、全盛時の面影はなく、三十年一月に再び入院し、同年二月八日、五十七歳で亡くなった。戦前の人気に比べると、戦後は淋しい人生であった。

75 上方から来て定住

初代 桂小文治

かつら・こぶんじ◉1893〜1967

この人の前に、のちに船遊亭志ん橋になった人が、一時小文治を名乗っているのだが、亭号が桂家だったからか代数に入れていないので、この小文治を初代とする。

本名稲田祐次郎。明治二十六年三月二十八日、大阪で生まれる。明治三十九（一九〇六）年、上方の初代桂米團治（のちの七代目桂文治）に入門して、桂小米と名乗る。四十五年、二代目桂米丸で真打格に昇進した。

元号が変わって大正となると、東京の落語界は各派の競争が激しくなる。六年、東京寄席演芸会社は戦力強化策の一つとして、上方の有望な若手を呼んだ。米丸はその第一弾と

して上京し、そのまま東京の落語界にとどまる。七年五月、小文治と改名し真打となる。十二年九月の関東大震災直後に、いち早く大阪へ行き、震災の体験談を高座にかけて、好評を博した。睦会で活躍していた小文治は、睦の四天王の一人に数えられるほどになったが、昭和になって睦会にかげりが見えると、脱退して日本演芸協会を立ち上げた。六年十月のことである。この団体は、落語家は桂米丸（のちの五代目古今亭今輔）くらいしかいなかったが、色物が多く、中でも光ったのは、新進漫才の都家福丸・香津代（のちに香津代は一人トーキーの都家かつ江となる）だった。この設立は、少し前にできた日本芸術協会へ加入するための伏線で、寄席には芸協と一緒に出演した後、八年四月に芸協に併合された。芸協に加入してからは、落語界に復帰した後の四代目三遊亭圓遊や、二代目桂枝太郎らを一門に加え、勢力を増して、副会長になった。芸のほうは、上方落語では東京で受けないので、新作をやった後、「奴さん」などを踊って人気をとっていたが、たまにNHKラジオでたっぷり聴かせる上方の古い噺は貴重だった。

　昭和四十二年十一月二十八日、七十四歳で亡くなった。二代目小文治は、孫弟子に当たる。

東都噺家百傑伝

五

第五章　昭和戦後の隆盛～平成の大看板

戦後は寄席も数軒に減って、落語の人気は落ち込んだが、昭和二十六年以降、民間放送のラジオで落語番組が増え、ホール落語も誕生して、あらたに人気が高まった。平成になって落語黄金期の名人たちがいなくなったのちも、新しいスターが生まれることにより、人気を保ちつづけている。

76 古典・新作の両刀使い

二代目 三遊亭 円歌

さんゆうてい・えんか◉1891～1964

初代と三代目は圓歌と書いたが、この二代目は、円歌と新字を使っていた。

本名田中利助。明治二十四年四月二十八日、新潟市で生まれる。新潟中学卒業後、横浜の貿易商館や、北海道の京染屋などで勤務した後、旅回りの芸人一座に加わる。三遊亭柳橋と勝手に名乗っていたのを、巡業中の二代目三遊亭小圓朝に見つかり、平謝りする。上京して初代三遊亭圓歌に入門したのが大正三（一九一四）年。三遊亭歌寿美の名を貰う。のちの三代目三遊亭金馬の弟弟子に当たる。

大正六年、初代歌奴で二ツ目に昇進。十年四月、歌奴のままで真打披露をした。昭和二

（一九二七）年十月に師匠の圓歌が亡くなったが、円歌を襲名したのはその七年後、七回忌のときだった。このときは睦会に所属しており、睦会の会長に復帰した五代目柳亭左楽が、夢よもう一度とばかりに執った真打製造政策の第二号だった。第一号は、古今亭志ん馬の金原亭馬生襲名。のちの五代目古今亭志ん生である。

真打製造政策にもかかわらず、睦会は衰退の一途をたどり、ついに十二（一九三七）年十一月に解散式を行った。最後までがんばった円歌は、十三年三月に落語協会に加入、戦後亡くなるまでそのまま所属していた。

当時の落語界は江戸っ子が幅を利かせていた。新潟出身でしかも吃音のハンデがある円歌は、並々ならぬ努力をし、古典と新作の両刀使いの道を選んだ。そして明るい芸風で、地方なまりをカバーした。「呼び出し電話」「社長の電話」などの電話シリーズに「馬大家」「ボロタク」、古典では「紋三郎稲荷」「紺田屋」などのあまり他人のやらないもの、そして忘れてならないのは、「四段目」などの芝居噺である。

三十九年になると、急速に衰えを見せ、同年八月二十五日、七十三歳で亡くなった。門下には三代目三遊亭圓歌らがいる。

77

「歌笑純情詩集」

三代目 三遊亭 歌笑

さんゆうてい・かしょう◉1917〜1950

終戦直後、彗星のように現れて爆発的な人気を呼んだが、わずか五年で不慮の事故のためこの世を去った。

本名高水治男。大正四年九月二十二日、東京府西多摩郡五日市町（現あきる野市）で生まれる。初め柳家金語楼の門を叩いたが断られ、三代目三遊亭金馬に入門を許される。金馬は、その怪異な容貌にどこか見どころがあると思ったのであろう。昭和十二年九月のことだった。最初の名前が三遊亭金平。師匠の金馬が東宝名人会の専属だったため、東宝で前座をやっていたが、眼が悪いのでへまばかりやっている。そのうちに弟子の山遊亭金太郎（のちの二

代目桂小南）が入って来たので、これ幸いと東宝の仕事は金太郎に押し付けて、自分は師匠の弟子に当たる二代目三遊亭円歌の身内になって、落語協会の寄席に入った。古典落語の勉強はちっともしない。金馬もあきれて、鳴物師にさせようとしたほどだったが、二代目昔々亭桃太郎（柳家金語楼の実弟）のやっていた「音楽風呂」「妻を語る」などの新作を覚えて高座にかけていた。また眼が悪いのによく読書をした。これがのちの「歌笑純情詩集」に役立っている。昭和十六、七年ごろ、二ツ目に昇進して三代目歌笑を名乗る。名乗ってもさっぱり売れなかったが、終戦になってパッと花が開いた。「純情詩集」が、生活苦にあえぐ人々の心をとらえたのだ。これは今までの落語にない形のマクラであった。「われ、父の胎内より、母の胎内に潜入し、さらに、母の胎内より、この地球上に原形を現わしたるころは……」。これが爆笑を呼び、やがて出て来ただけで会場は笑い声が起こるほどだった。こうなると二ツ目にしておくわけにはいかない。二十二年十月、歌笑のままで真打に昇進した。その後も人気を保っていたが、昭和二十五年五月三十日、銀座六丁目の横断歩道でないところを渡ろうとして米軍のジープにはねられ、即死。享年三十二。人気者のあまりにもあっけない死であった。

78

黒門町

六代目 桂文楽

かつら・ぶんらく◉1892～1971

五代目古今亭志ん生、六代目三遊亭圓生とともに、昭和の三名人と言われた。正しくは六代目なのだが、末広がりで縁起がよいからか、八代目と称した。

本名並河益義《なみかわますよし》。明治二十五年十一月三日、青森県五所川原町（現五所川原市）で生まれた。五所川原は父の勤務地で、東京で育つ。九歳のときに父が亡くなったため、奉公に出て、あちこちと奉公先を変えた後、明治四十一年に初代桂小南に入門、小莚《こえん》の名を貰う。三年後、師匠の小南が旅に出てしまったので、置き去りにされた小莚は仕方なく、地方を転々とした。

大正五年に東京へ戻り、七代目翁家さん馬（のちの八代目桂文治）の門に入って翁家さん生となった。翌年五代目柳亭左楽の門に移って翁家馬之助で真打に昇進した。文楽を襲名したのは大正九年で、このころすでに若手真打として大いに売れていた。「明烏」が十八番で、寄席の高座に上がると、客席から「明烏っ」と声がかかる。当時十五日間の興行を全部「明烏」で通したこともあった。大正中期から昭和の初めまで、睦会の売れっ子として活躍していたが、昭和十二年に睦会が解散すると、一年の猶予を経て落語協会に加入した。戦後、ラジオやホール落語に多く出演するようになると、文楽の芸はさらに広く知られ、名声が高まった。昭和三十年から三十二年までと、三十八年から四十年まで落語協会の会長を務め、三十六年には落語家として初めての紫綬褒章を受け、四十一年には勲四等瑞宝章を授与された。

上野黒門町に住んでいたことから〝黒門町の師匠〟と呼ばれた。

その芸は、レパートリーこそ少なく、三十席あまりしかなかったが、「明烏」「愛宕山」「船徳」など、どれを聴いても人物描写が適確で優れていた。四十六年八月三十一日、「大仏餅」を口演中に絶句したのが最後の高座となって、同年十二月十二日、七十九歳で亡くなった。

79 『びんぼう自慢』

五代目 古今亭志ん生

ここんてい・しんしょう◉1890〜1973

八代目桂文楽、六代目三遊亭圓生とともに、昭和の三名人と言われた。

本名美濃部孝蔵。明治二十三年六月二十八日、東京は神田で生まれる。家は士族だったが、少年のころから放蕩三昧、家を飛び出して、明治四十三年ごろ、二代目三遊亭小圓朝に弟子入りして朝太と名乗ったのが、プロの落語家としてのスタートだった。しかし、飲む、打つ、買うの三道楽をやめたわけではない。人気より先に貧乏神がやって来て、苦しい生活が続く。借金取りから逃げる意味もあって、次から次へと名前を変える。昭和十四年に志ん生を襲名するまでに、改名すること十七回。師匠も小圓朝から六代目金原亭馬生、講談の三代目小金井蘆洲《ろしゅう》、初代柳家三語楼と変えたが、さっぱり芽が出なかった。

昭和九年に再び馬生を七代目として襲名してからようやく陽が当たって来て、志ん生になってからは人気上昇、二十年に満洲へ行き、二十二年に帰国してからは、文楽とともに第一人者となった。三十二年から三十八年まで、落語協会の会長を務める。この間三十六年に脳出血で倒れたが、一年で復帰した。しかし往年の元気はなく、四十三年限りで高座を離れ、四十八年九月二十一日、八十三歳で亡くなった。

いわゆる名人タイプの芸ではなく、天衣無縫であった。文楽、圓生のような格調の高さはなく、むしろぞろっぺえな高座だったが、芸の中に「おのれ」を出すことによって、人間の

生き様を見事に描き出した。若いころはさっぱり売れなかったが、稽古は怠らなかった。その間に蓄積したものが、五十歳を過ぎてからパッと開花し、今までにない独特の芸風を作り上げた。
登場人物をそれらしく描くのが目的ではない。志ん生のしゃべりそのものが落語であって、そこに人間の生き様を巧みに捉えているから、その芸は現代でもりっぱに通用し、今でもファンがたくさんいる。

80 「芝浜」の三木助

三代目 桂 三木助

かつら・みきすけ◉1902～1961

〝「芝浜」の三木助〟と言われ、五代目古今亭志ん生同様、遅咲きであった。

本名小林七郎。明治三十五年三月二十八日、東京は湯島天神下に生まれる。十六歳で家業の床屋を継いだが、芸好きで仕事が手につかない。叔父が四代目春風亭柳枝なので、その弟子になろうとしたが、身内を弟子には出来ないと、当時春風亭柏枝《はくし》といっていた六代目春風亭柳橋のところへ行かされ、柏葉と名乗った。大正七、八年ごろだという。

小柳で二ツ目になったのが大正十（一九二一）年。十五年、五代目三遊亭圓生の添え書きを持って大阪へ行き、二代目三木助の門下となって、三木男と名乗る。ここで覚えた上方落語が後年大いに役立っている。

一年足らずで東京に戻り、再び柳橋門下となって、春風亭橋之助《きょうのすけ》となる。昭和二（一九二七）年十月に春風亭柳昇で真打に昇進した。七年五月に春風亭小柳枝の五代目を襲名したが、バクチ好きとズボラなため芸が伸びず、仲間の評判も悪いので、十二、三年ごろ踊りに転向し、花柳太兵衛《たへえ》と名乗った。しかし戦争が激しくなると踊りの師匠では喰えず、十八年十月に落語界に復帰、小柳枝の名は、のちの八代目三笑亭可楽が名乗っていたので使えず、二代目橘ノ圓《まどか》となる。戦後は芸に打ち込み、二十四年からＮＨＫラジオの人気番組「とんち教室」にレギュラー出演して名を売ると同時に、定期的に独演会を開いて

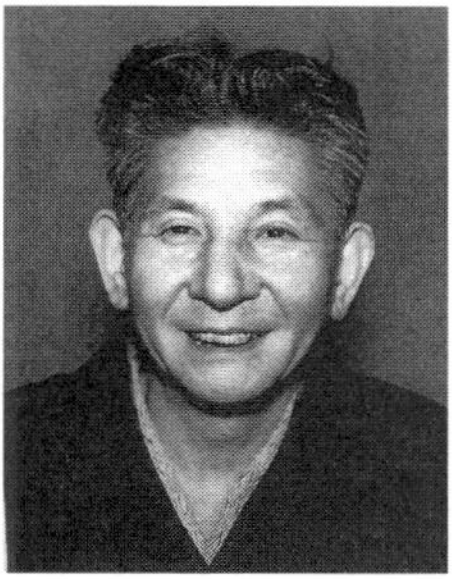

芸を磨いた。それが安藤鶴夫や八代目桂文楽に認められてホール落語にもよく出るようになった。二十五年四月に三木助を襲名、二十九年に「芝浜」で芸術祭奨励賞を得てさらに評価は上がり、ホール落語のレギュラーに起用された。三十四年に日本芸術協会を抜けてフリーとなり、翌年念願だった落語協会入りを果たしたが、三十六年一月十六日、胃がんのために五十八歳で亡くなったのは惜しまれる。

81 お結構の勝ちゃん

八代目 春風亭 柳枝

しゅんぷうてい・りゅうし◉1905〜1959

この柳枝は正しくは七代目なのだが、五代目が一代飛ばして六代目と称したため、八代目となった。一時七代目に直したが、先代と間違われてかえって混乱するので、八代目に戻した。本名島田勝巳《かつみ》。明治三十八年十二月十五日に東京で生まれた。父は音曲師の四代目柳家枝太郎。「両国八景」を得意とし、〝両国の枝太郎〟と言われた人である。

芸人の家に生まれたので、小学生のころから学校で一席伺ったりしていた。高等小学校を出ると、四代目柳枝の門下になって、枝女太《しめた》と名乗った。大正八（一九一九）年、十四歳のときである。大正十年五月、枝女太のまま二ツ目に昇進、十二年一月、睦ノ《むつみの》太郎と改名し、十四年四月、八代目春風亭柏枝を襲名して真打に昇進した。

昭和九（一九三四）年十一月、柳亭芝楽と改名、戦争が激しくなった十八年三月に、八代目柳枝となった。

戦後は落語協会の中堅真打として活躍し、寄席では一席しゃべった後に必ず踊るサービス精神と、ていねいな語り口で好感を持たれた。またラジオにも多く出演して、人気上昇中の昭和三十四年九月二十三日、ニッポン放送で「お血脈」を放送中に脳溢血で倒れ、同年十月八日に五十三歳の若さで亡くなった。

いわゆる大ネタは、ほとんどやらなかったが、「子ほめ」「のめる」「高砂や」などの軽いものや、「王子の狐」「宮戸川」「宗論」に、珍しいものでは「搗《つき》屋無間《やむげん》」などを得意とし、他の落語家に遠慮してめったにやらなかったが、「野ざらし」はすばらしいものだった。

真面目で物腰が柔らかく、〝お結構の勝ちゃん〟と仇名されていた。後輩の指導にも熱心で、自宅で若手に噺や鳴り物の稽古をつけ、この中から七代目立川談志、五代目三遊亭圓楽らが出ている。

通好み

八代目 三笑亭可楽

さんしょうてい・からく◉1898〜1964

独特のつぶやくような渋い語り口で、通人のファンを掴んでいた。

本名麹池《きくち》元吉。明治三十一年一月三日、東京・下谷で生まれた。家は経師屋《きょうじや》。書画の掛軸や、屏風、襖などを表装する仕事である。家業を手伝いながら、天狗連と呼ばれるセミプロ落語家の仲間に入っていたが、大正四（一九一五）年、三遊亭圓菊（のちの五代目古今亭志ん生）の手引きで、初代三遊亭圓右に入門し、右喜松と名乗る。

大正七年十月、三遊亭三橋と改名、まもなく七代目翁家さん馬（のちの八代目桂文治）門下に移って翁家さん生から翁家馬之助で真打になった。さらに六代目春風亭柳枝門下となって春風亭さん枝、十三年八月に春風亭柳楽と改名した。柳枝の死後（昭和七年）、五代目柳亭左楽門下に転じ、昭和初期は落語睦会に所属して寄席に出ていたが、さっぱり売れない。一時、二代目談洲楼燕枝や六代目雷門助六らの落語研成社へ移ったり、小唄の久和《くわ》と結婚してそのマネージャーをやりながら、細々と落語を続けていた。

五代目春風亭小柳枝（のちの三代目桂三木助）が、一時舞踊に転向したので、昭和十五（一九四〇）年四月に六代目春風亭小柳枝を襲名し、戦後の昭和二十一年五月に八代目可楽を襲名してようやく落ち着き、人気も出て来た。

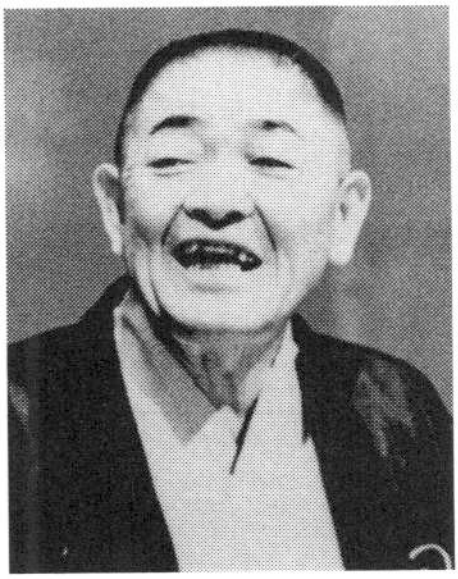

昭和二十六（一九五一）年にラジオの民間放送が開局すると、落語番組が増えてブームがやってきた。可楽は文化放送の専属になり、数多く出演するとともに、持ちネタも増やして独特の芸に磨きをかけた。

昭和三十六（一九六一）年四月、寄席を離れた。所属していた芸術協会の総意に背き、さる席亭の葬儀に花輪を贈ったことで除名されたからである。十二月に許されて復帰した。

まだまだ活躍すると見られていた昭和三十九年、体調を崩して八月二十三日、六十六歳で亡くなった。

83 東大落研のコーチ

三代目 三遊亭 小圓朝

さんゆうてい・こえんちょう◉1892～1973

祖父は三遊亭圓朝の兄弟子・三遊亭圓麗、父は二代目小圓朝。三代続いた噺家である。

本名芳村幸太郎。明治二十五年八月八日、東京は下谷で生まれた。幼いころ、父に連れられて圓朝に会う。父は圓朝に「この子は噺家にするといいよ」と言われたが、当人はなる気がまったくなかった。それがどういう心境の変化か、十五歳の明治四十年に父の門人になる。付けられた芸名は三遊亭朝松。一年ほどで二ツ目に昇進し、小圓治と改名した。父の小圓朝が、落語家の月給制度導入に失敗して借金を作ったため、その穴埋めに父と共に二年ばかり旅回りを経験する。東京に戻って、大正六年二月、二代目橘家圓之助で真打に昇進した。まもなく四代目橘家圓蔵（六代目三遊亭圓生の師匠）の弟子として預けられる。十一年五月、四代目三遊亭圓橘を襲名した。翌年に父の小圓朝が亡くなる。関東大震災後、父の弟子二代目三遊亭金馬とともに、別派を作ったがうまく行かず、落語協会に加入する。

昭和二（一九二七）年三月、父の名を継いで小圓朝となる。このときは二代目小圓朝と言っていたが、のちに三遊（亭）一朝を初代小圓朝と認め、三代目とする。昭和九年八月、五代目三遊亭圓生一門が睦会から落語協会へ移籍したとき、トレードの形で睦会へ行かされる。これは期限付きだったようで、十二年の初席から落語協会へ復帰した。

昭和十八年五月、六代目一龍斎貞山のすすめで船勇亭志ん橋と改名したが、戦後の二十二年三月、小圓朝に戻った。昭和三十年代にラジオの落語番組が増えると、各局に出演。東横落語会にも出るようになったが、四十二年七月脳出血で倒れ、四十八年七月十一日に八十歳で亡くなった。

「あくび指南」「笠碁」など、地味だが基本のしっかりした芸で、江戸前の噺を聴かせた。東大落語研究会の学生の実技指導も長年行った。

84「水道のゴム屋」

六代目 三升家小勝

みますや・こかつ◉1908～1971

古典と新作の両刀使いで、落語界に新風を吹き込んだ。

本名吉田邦重《くにしげ》。明治四十一年八月三日、東京は本所で生まれる。神田の電気学校を卒業して、東京市水道局へ勤務。兵役を終えて昭和六（一九三一）年三月、曲芸の二代目春本助治郎の紹介で八代目桂文楽に入門し、桂文中と名乗る。

翌年、桂文七で二ツ目に昇進。二ツ目でキングからSPレコードを出す活躍ぶりが認められて、十二年五月、二代目桂右《う》女《め》助《すけ》で真打に昇進した。これが睦会最後の真打披露となった。まもなく睦会は解散。当時兵役に行っていたので、師の文楽が落語協会入会の手続きをとってくれた。右女助になってからも、自作の「水道のゴム屋」をはじめ「トラと女房」などのトラシリーズで売り出し、戦時落語の流れにもうまく乗って、人気者になった。

戦後は古典と新作の両刀使いで、「水道のゴム屋」のほか「妻の釣」「操縦日記」の新作、古典では「佐々木政談」「壺算」など。「壺算」のマクラで国鉄運賃の値上げを皮肉ったくだりなどは面白かった。また中国の笑話から「のっぺらぼう」を作り出して、高座にかけていた。

そろそろ転機を迎えてほしいと思われていた昭和三十一（一九五六）年三月、六代目三升家小勝を襲名した。小勝の先代は、警句をうまく使って長生きした人で、独特のネタを持っていた。六代目を継いだとき、これから先代の持ちネタにも挑戦しようと、「三国志」などをはじめた。しかしまもなく体調をくずし、思うように活躍できなくなってしまった。そして昭和四十一年、脳出血で倒れて療養生活に入り、四十六年十二月二十九日、十七日前に亡くなった師匠文楽のあとを追うようにして亡くなった。六十三歳だった。小勝の名は、弟子の三升家勝弥が継いだが、この小勝も亡くなり、その弟弟子三升家勝二が八代目を継いでいる。

85 留さん文治

九代目 桂文治

かつら・ぶんじ◉1892～1978

時代に逆らった言葉を生かして多くの人を笑わせた。本名高安留吉《たかやすとめきち》。明治二十五年九月七日、東京は日本橋で生まれた。錦城中学校を一年で中退し、以後そば屋、乾物屋、油屋などに奉公したが、いずれも長続きせず、父親の魚屋を手伝いながら、天狗連と呼ばれる素人落語家になる。当時の仲間に、のちの八代目三笑亭可楽がいた。

大正四（一九一五）年、四代目橘家圓蔵に入門して、橘家咲蔵を名乗る。二十三歳の弟子入りは当時としては遅い。大正七年、七代目翁家さん馬（のちの八代目桂文治）門下に移って、翁家さん好となった。まもなく初代立花家橘之助一座に加わって旅に出たが、途中で大阪へ逐電する。大阪では、二代目桂三木助門下となって、桂三木弥を名乗る。ここで上方の噺をたくさん仕入れたのが、後年役に立つ。

大正十年、東京へ戻ってさん馬門下に復帰する。翌年十一月、桂文七と改名したが、まもなく三代目柳家小さん門下に移って、十四年十月、柳家さん輔で真打に昇進した。昭和九（一九三四）年四月、前師の名・翁家さん馬の九代目を襲名する。この時は、八代目さん馬が北海道の小樽に居住していたので、東京と小樽の両方にさん馬がいた。

戦後の落語ブームには、昭和三十二（一九五七）年に文化放送の専属となる。三十五年四月、九代目文治を襲名。この時本人はさん馬のままでよいというのに、まわりが金を使わせようと、寄ってたかって襲名させてしまったという裏話がある。

五十一（一九七六）年一月に脳出血で倒れて以来、病床にあったが、五十三年三月八日、八十五歳で亡くなった。

古典落語でも、「エデンの東」「南ベトナム」など、新しい言葉が飛び出すユニークな芸で、「大蔵次官」「岸さん」などの新作も手掛けた。自らケチと称するほどのしまりやだったが、払うべきものは払って人に迷惑はかけないので、仲間からも慕われた。

86 お婆さんの今輔

五代目 古今亭今輔

ここんてい・いますけ◉1898〜1976

お婆さん物を主にした新作落語で、戦後一派をなした。

本名斎藤（のち鈴木）五郎。明治三十一年六月十二日、群馬県佐波郡境町（現伊勢崎市）に生まれた。家は伊勢崎銘仙の織屋だった。高等小学校を卒業すると上京し、大正二年に上野の松坂屋へ奉公する。知識があるからと、銘仙売り場へ配属された。「純絹ですか」と客に訊かれ、「紡績が入っていますす」と正直に答えたため、客は買わずに帰ってしまった。これを売り場主任にとがめられたので、松坂屋を二十日間で退職し、以後十一軒も店を転々とする。いずれも正直すぎるのが原因だった。

大正三（一九一四）年に、初代三遊亭圓右の門に入り、右京と名乗る。ここでも一本気なため、師匠の実子・小圓右（のちの二代目圓右）のわがままに我慢が出来ず、兄弟子三遊亭右女助（のちの四代目古今亭今輔）の門に移り、大正六年、三遊亭桃助で二ツ目になった。しかし、この師匠にも愛想をつかし、大正八年三代目柳家小さん門下となって柳家小山三《こさんざ》と改名した。十二年三月に同名のまま真打に昇進する。

このころ、三遊亭圓楽といっていたのちの八代目林家正蔵とともに、圓朝の直弟子三遊（亭）一朝から芝居噺などを教わる。同時に二人で落語革新派を起こしたが、失敗した。以後初代桂小文治の一門となり、昭和六年、小文治の前名桂米丸を三代目として襲名する。

この前後から、上州なまり克服のため新作落語を手掛けたが、なかなか芽が出ず、十六年に五代目今輔を継いでも、倉庫番との二重生活を余儀なくされた。

新作落語で花が咲くのは、戦後になってからである。「青空お婆さん」「ラーメン屋」などの新作で活躍する一方で、「もう半分」「馬の田楽」などの古典でも、味のある芸を見せた。

五十一年十二月十日、七十八歳で亡くなった。

87 遅咲きの大輪の花

六代目 三遊亭圓生

さんゆうてい・えんしょう◉1900～1979

八代目桂文楽、五代目古今亭志ん生とともに、昭和の三名人と言われた。

本名山崎松尾。明治三十三年九月三日、大阪市西区で生まれる。母と一緒に幼いころ上京し、四代目橘家圓蔵の内輪になって、まもなく子供義太夫でデビューした。芸名は豊竹豆《まめ》仮《か》名《な》太夫。明治三十八年ごろだという。落語家に転向したのは明治四十二（一九〇九）年。橘家圓童と名乗った。小圓蔵を経て、大正九（一九二〇）年三月に五代目橘家圓好で真打に昇進した。文楽より二か月早い昇進だったが、人気では及ばず、以後三十数年文楽の後塵を拝することになる。十一年二月に師匠の圓蔵が没し、義父の圓窓が五代目圓蔵を襲名したので、同時に圓窓と改名した。さらに十四年一月、義父の五代目圓生襲名とともに、師匠の名・圓蔵を六代目として継いだ。名前は大きくなったが、芸のほうはさっぱりで、人気が出ない。一時は踊りに転向しようかと考えたほどだったが、昭和十六（一九四一）年五月に圓生を襲名してからやや上向きとなった。

終戦の直前に、志ん生と一緒に満洲へ行き、二十二年三月に帰国、寄席に復帰した。まもなく「妾馬」で芸を悟り、それからは著しい進歩を見せる。三十年代には文楽、志ん生と肩を並べるようになり、独演会でどんどん芸域を広げ、芸術祭賞をはじめ多くの賞を得た。四十年から四十七年まで、落語協会の会長を務めたが、五十三（一九七八）年六月、真打の乱造に反対して落語協会を脱退し、一門で落語三遊協会を結成した。五十四年九月三日、七十九歳の誕生日に心筋梗塞で急死した。「遅咲きの大輪の花」で、売れ出したのは五十歳を過ぎてから。しかし、それからは今までの蓄積を生かして、文楽、志ん生亡き後は落語界の第一人者となる。その芸域は広く、滑稽噺はもちろん、長編人情噺、芝居噺、音曲噺にも、きめの細かい芸を聴かせた。

88

ドーモすいません！

初代 林家三平

はやしや・さんぺい◉1925～1980

三平の名は、七代目林家正蔵も名乗ったが、柳家三平だったので、林家としてはこの人が初代である。

本名海老名栄三郎のち泰一郎《やすいちろう》。大正十四年十一月三十日、七代目林家正蔵の長男として東京に生まれる。旧制明治中学卒業後の昭和二十（一九四五）年三月に陸軍に入隊したが、まもなく終戦。二十二年に東宝名人会の所属だった父に入門し、林家甘蔵《あまぞう》と名乗る。まもなく三平と改名し、以後この名を変えなかった。父の没後の二十六年三月、月の家圓鏡（のちの七代目橘家圓蔵）門下となって、落語協会に加入する。二十八年四月に二ツ目に昇進。

三十二年に「今日の演芸」というラジオ番組の司会に抜擢され、その八方破れの、いままでになかった司会ぶりが当たって、たちまち人気上昇。二ツ目のままで、鈴本演芸場のトリをとるという、今までになかったことをやって、翌年十月に真打に昇進した。

その人気は、一席の落語をきちんとやるものではなく、「ドーモすいません」「大変なんすから」などの言葉をはさみながら漫談風に語っていく独特のもので、「リズム落語」「三平落語」と呼ばれた。八代目桂文楽や六代目三遊亭圓生を名人とあがめる正統派古典落語を好む人たちからは邪道扱いされたが、そんなことはおかまいなし。マンネリになることなく、人気を長く維持できたのは、そのサービス精神の旺盛さによるところが大きい。四十三（一九六八）

年に落語協会の理事になったが、その後病に倒れ、一度はカムバックしたものの再び病んで、五十五年九月二十日、五十四歳の若さで逝去したのは惜しまれる。

二人の息子は、ともに祖父、父と同じ道を歩み、長男は海老名家に返された林家正蔵の九代目を継ぎ、次男は二代目林家三平となって、それぞれ活躍している。

89 芝居噺・怪談噺

八代目 林家正蔵

はやしや・しょうぞう◉1895～1982

道具を使った芝居噺や、怪談噺など幅広い芸で、落語通に愛された。本名岡本義《よし》。明治二十八年五月十六日、東京品川で生まれ、三歳から浅草で育った。明治四十五（一九一二）年に、三遊亭三福（のちの三代目三遊亭圓遊）に入門し、三遊亭福よしと名乗る。大正三（一九一四）年に扇遊亭金八と改めた後、四代目橘家圓蔵の内輪となり、大正六年二月に橘家二三蔵《ふみぞう》と改名して、二ツ目に昇進した。大正八年四月、三代目三遊亭圓楽を襲名した。それまでの圓楽（二代目）が三遊（亭）一朝と改名して、名前を譲ってくれたのである。この時はまだ真打ではなく、翌年六月に圓楽のままで真打披露をしている。一朝になった圓楽は三遊亭圓朝の直弟子で、この人から「怪談牡丹燈籠」「真景累ヶ淵」などの長編怪談噺や、人情噺、芝居噺を教わった。これを恩義に感じ、一朝を「おじいさん」と呼んで大事にして、昭和五年に亡くなるまで面倒を見た。

大正十一（一九二二）年に圓蔵が亡くなると、三代目柳家小さんの預かり弟子になった。翌年に三か月ばかり大阪へ行って二代目桂三木助の世話になる。「啞の釣」「煙草の火」などを江戸の噺に直した。東京へ戻って、四代目蝶花楼馬楽の内輪となる。大正十四年に、のちの五代目古今亭今輔らと落語革新派を起こしたが、失敗。昭和三（一九二八）年四月、馬楽が四代目柳家小さんを継ぐと同時に、五代目馬楽を襲名した。

戦後の昭和二十五（一九五〇）年五月、八代目林家正蔵を襲名。ＴＢＳの専属となって活躍の場が広がった。正蔵の名は、七代目正蔵の遺族から一代限りで借りたもので、七代目の息子の三平が亡くなったのを機会に海老名家へ返し、五十六年一月に林家彦六と改名している。彦六でいること一年、五十七年一月二十九日に八十六歳で亡くなった。芝居噺や怪談噺は、弟子の林家正雀に受け継がれている。

90 「綴り方狂室」で大人気

四代目 柳亭痴楽

りゅうてい・ちらく◉1921～1993

痴楽の初代は、のちの五代目柳亭左楽。一時講談の初代伊藤痴遊門下だったとき、春風亭痴楽を名乗った。二代目がのちの七代目春風亭柳枝、三代目が五代目左楽門下で本名を関根弁次郎といった人、四代目がこの人ということになる。

本名藤田重雄。大正十年五月三十日、富山県で生まれた。幼少のころ東京に出て、本所で育つ。初め豊竹巌太夫の内弟子となって義太夫の修業をしたが、昭和十四（一九三九）年、七代目春風亭柳枝に入門して笑枝と名乗り、落語家になる。十六年一月に師匠と死別し、大師匠の五代目柳亭左楽門下に移った。同年二ツ目に昇進して、痴楽を襲名する。

終戦後まもない二十年九月、痴楽のままで真打に昇進する。まもなく、三代目三遊亭歌笑が爆発的な人気を得たが、二十五年五月に銀座でジープにはねられて急死する。その後を継ぐ形で、「痴楽綴り方狂室」でたちまち人気者になった。「綴り方」と言っているが、歌笑の「純情詩集」同様七五調の形式をとっており、本題に入る前に必ずこれをやって、爆笑をとっていた。

人気が出ると、一時寄席を離れたが、二十七年十一月に復帰、四十七（一九七二）年十月には日本芸術協会の理事に就任し、いずれは会長にと期待されたが、四十八年十月、大阪で二代目桂枝雀らの襲名披露に出演中、脳出血で倒れた。以後二十年近く、病院や老人ホームでの闘病生活を続ける。平成五年八月にはテレビ出演し、十月には新宿末広亭での「痴楽を励ます会」にも出て、回復のきざしが見えたかと思わせたが、同年十二月一日、急性心不全のため、七十二歳で亡くなった。

レパートリーは「西行」「お七」など、十指に足りないほどだったが、次々に発表する「綴り方狂室」で、それをカバーしていた。

91 噺家初の人間国宝

五代目 柳家小さん

やなぎや・こさん◉1915～2002

若くして昭和の三名人と肩を並べる活躍をし、落語家で初めて人間国宝になった。

本名小林盛夫。大正四年一月二日、長野県に生まれ、東京で育った。小学生のころから剣道と絵が好きで、剣士になろうとしたが、身体をこわしたためあきらめ、画家のほうもままならないので、それなら落語家になろうと、昭和八（一九三三）年に四代目小さんに入門した。「おまえは栗に似ているから」と、名付けられたのが柳家栗之助。

十一年に麻布第三連隊に入隊する。その年の二月二十六日、二・二六事件が起こった。この時、反乱軍に知らないうちに入れられていて、警視庁を占領した。その処罰の意味もあって、満洲のチチハルへ行かされる。十四年に除隊して落語界に復帰、二ツ目に昇進して柳家小きんと改名した。しかし十八年に再び兵隊に取られ、仏領インドシナ（現ベトナム）に行かされて苦労を重ねた。二十一年に復員してふたたび落語界に復帰した。

二十二（一九四七）年、九代目柳家小三治を襲名して真打に昇進。このころから、兵役による遅れを取り戻そうと、必死に噺の勉強をする。その甲斐あって、二十五年に師名小さんを継ぐことができた。まもなくラジオの民間放送が始まって、落語の番組が増え、三十年代になると、ホール落語も増えて、落語ブームがやってきた。この時、一時代先輩の八代目桂文楽、五代目古今亭志ん生、六代目三遊亭圓生、八代目林家正蔵、三代目三遊

亭金馬、三代目桂三木助らと肩を並べて出演し、すっかり大看板の貫禄を身に付けた。四十七年には落語協会の会長に就任し、二十四年間もその要職にあった。平成七（一九九五）年には、落語家として初めての人間国宝に認定された。平成十四年五月十六日、八十七歳で亡くなった。

その芸風は、三代目、四代目小さんの伝統を受け継ぎ、滑稽噺を主体に落語の本道を歩むものであった。

92 親の七光を克服

十代目 金原亭馬生

きんげんてい・ばしょう◉1928～1982

やわらかいムードで季節感の漂う高座を務めた。

本名美濃部清《きよし》。昭和三年一月五日、東京で生まれた。父は五代目古今亭志ん生で、三代目古今亭志ん朝は弟である。

画家になるつもりだったが、戦争が激しくなったために果たせず、落語家に方向転換して、昭和十八（一九四三）年に父に入門した。戦時下で落語家になる者がいなかったので、むかし家今松の名で、前座をやらずに二ツ目からスタートした。しかし当時の前座は年寄りばかり。中には真打から降格して来た人もいたので、ろくに働かない。前座の仕事ばかりでなく、古い前座の世話までさせられたので、たいへんに忙しかったという。今松から初代古今亭志ん朝を経てふたたび今松になったあと、昭和二十三年に古今亭志ん橋で真打に昇進した。十九歳の真打は戦後の最年少記録である。このときは披露をせず、二十四年十月に、父の前名・馬生の十代目を襲名したときに、真打披露も兼ねて行った。当時は馬生の代々が混乱していたので、九代目といっていたが、のちに十代目に修正した。二十一歳の若さで大きな名前を継いだので、親の七光だと陰口を言われたが、黙々と努力を続けた。踊りの名手で、寄席でもよく踊っていたが、これも先輩から悪口を言われたので、きっぱりとやめた。父志ん生のよい所を取りながら、父から離れて独特の芸風を作り上げるという難題をこなし、次第に成し遂げていった。初めは軽い滑稽噺専門だったが、年齢とともに少しずつ大きな噺に挑戦し、昭和四十年代には、先輩たちと並んでホール落語に常時出演し、大看板の仲間入りをした。明治・大正生まれの戦前派と、戦後入門した人たちとの間にあって、橋渡し役の貴重な存在だったが、昭和五十七年九月十三日、五十四歳の若さで亡くなったのは惜しまれる。今は弟子の馬治が十一代目を継いでいる。

93 あやつりと住吉踊り

八代目 雷門助六

かみなりもん・すけろく◉1907〜1991

雷門助六の名は古く、江戸時代の文政年間に、初代烏亭（立川）焉馬の門人から初代が誕生した。以後四代目までは立川金馬の前名的存在だったが、五代目から人物像がはっきりして来る。五代目はのちに三代目古今亭志ん生になった人。六代目はその門下。七代目は他系に移ったが、六代目の倅が八代目を継いだ。

本名岩田喜多二。明治四十年四月二十二日、東京は本郷で生まれる。父はその頃、三代目都家歌六といっていた六代目助六で、そのせいか明治四十五（一九一二）年、五歳で高座に上がった。名前は小助六。子供なので大いに受けたという。学校に上がると、高座から遠ざかる。大正八（一九一九）年、小学六年のときに改めて五代目柳亭左楽の門人となる。名前は小助六のまま。十二年十月、睦ノ《むつみの》五郎と改めて、真打に昇進する。睦会の若手真打として活躍していたが、昭和三（一九二八）年に父の助六が睦会を抜けて研成協会を結成したので、睦ノ五郎ではおかしいと雷門五郎と改名した。あやつり人形の形をまねて踊る「あやつり」は、睦会の若手のころに覚えて余興にやっていたが、このころから高座でよく踊るようになった。

　昭和五年に研成協会が解散となり、睦会に戻ったが、父の助六は地方回りが多くて寄席にほとんど出ない。それに同行していたので、地方回りが多くなる。昭和十四年ごろには雷門五郎一座を結成して、松竹の新興キネマ演芸部の所属となり、大阪で活躍し、寄席とは袂を分かった。一時兵隊に取られたが、戦後劇団を復活させ、関西を拠点に活躍を続ける。その後東京に戻り、昭和三十一年に芸術協会に入って寄席に復帰した。初めはあやつり踊りを主にしていたが、年を重ねるとともに独特の噺を売り物にして、三十七（一九六二）年十月に助六を襲名した。住吉踊りの復活にも尽力し、六十一年に芸術祭賞を受けた。平成三年十月十一日、八十四歳で没。九代目は養子の二代目雷門五郎が継いだ。

94

上方落語をわかりやすく…

二代目 桂 小南

かつら・こなん◉1920〜1996

上方落語を東京の人にもわかりやすくして、独特の芸風を作り上げた。

本名谷田金次郎。大正九年一月二日、京都府北桑田郡山国村井戸（現京都市右京区京北町井戸）で生まれた。小学校を卒業すると、京都市へ奉公に出された。呉服屋にいるとき、東京へ転勤となる。五代目古今亭志ん生の落語を聴いて落語に病みつきとなり、電話帳で三代目三遊亭金馬の住所を調べて、弟子入り志願をした。断られても断られても通うこと半年、金馬も根負けして、弟子にしてくれたのが昭和十四年だった。山遊亭金太郎と名付けられる。

金馬が東宝名人会の専属だったので、もっぱら東宝系の劇場で前座を勤める。十六年に兵隊に取られ、十八年に除隊となった。戦後も東宝系の劇場で働いていたが、落語家はやはり寄席へ出なくては駄目だというので、初代桂小文治の身内になって日本芸術協会に加入した。昭和二十六年のことで、習い覚えた東京落語をこのころから捨てて、上方落語の勉強を始める。上方へ行って、四代目桂文團治、橘ノ圓都、文の家かしく（のち二代目笑福亭福松）といった古い噺をよく知る人たちに、稽古をつけて貰った。これが、のちの小南落語の基本になっている。

昭和三十三年九月に、二代目小南を襲名して真打に昇進した。六人一緒の昇進だった。入門から十九年かかったのは、当時としては遅い昇進だった。

四十三年に芸術祭奨励賞、翌年には芸術祭大賞を受けた。これで小南落語の評価は一気に上昇した。四十八年から五十年にかけて、上野本牧亭で独演会を開き、その録音をＬＰレコードの全集（全十巻）に残している。平成元年芸術選奨文部大臣賞を受け、健在ぶりを示したが、平成八年五月四日、心不全のため七十六歳で亡くなった。小南の名は平成二十九年、弟子の桂小南治が三代目を襲名した。

95 平成の名人

三代目 古今亭志ん朝

ここんてい・しんちょう◉1938～2001

平成の名人と言われ、天性の明るさと軽快な口調で、随一の人気と実力があった。本名美濃部強次《きょうじ》。昭和十三年三月十日、東京は駒込で生まれた。父は五代目古今亭志ん生（当時七代目金原亭馬生）で、兄は十代目金原亭馬生である。

高校時代は、外交官か役者になるつもりだったが、父親のすすめで仕方なく（?）落語家になったのが昭和三十二（一九五七）年二月。父親の最初の名前である朝太を名乗った。三十四年二月、朝太のまま二ツ目に昇進、三十七年三月、二ツ目わずか三年で真打に昇進し、古今亭志ん朝と改名した。志ん朝の名は、初代が兄の金原亭馬生、二代目が昭和二十三年三月に古今亭志ん一から改名した人で、本名を金田睦男といった（廃業）。三代目がこの志ん朝である。初代、二代とも二ツ目の名前で、真打としてはこの志ん朝が最初だ。入門から真打まで五年というスピード出世だが、そのスピードに負けないだけの人気と実力が先行し、以来約四十年間、常に落語界でトップの人気を維持していた。

真打になると、落語以外の分野でも活躍し、東映「歌う明星 青春がいっぱい」で映画初出演、フジテレビ「サンデー志ん朝」に司会としてレギュラー出演し、テレビ4本、ラジオ3本のレギュラーを持っていた。

四十六年に芸術選奨新人賞を受賞。五十三年には、落語協会を脱会して六代目三遊亭圓生の落語三遊協会に参加したが、兄馬生らに説得されて、一週間で復帰した。平成二（一九九〇）年から名古屋の大須演芸場で三夜連続の独演会を開催、平成十一年まで続いた。これが大須演芸場の救済に大いに役立った。平成八年、落語協会副会長に就任、十三年には芸術選奨文部科学大臣賞を受けたが、同年十月一日、肝臓がんのため六十三歳で亡くなった。父・志ん生とは違ったきめの細かい芸で、もっともっと活躍してほしかった。

96 粋で江戸前

五代目 春風亭柳朝

しゅんぷうてい・りゅうちょう◉1929〜1991

江戸っ子らしい、粋な語り口で人気があった。

本名大野和照。昭和四年十月二十九日、東京は新橋で生まれた。正則中学（旧制）卒業後、魚屋、印刷工などいろいろな職についたが、どれも長続きしない。二十五（一九五〇）年三月、五代目蝶花楼馬楽に入門して、蝶花楼小照《こてる》の名をもらった。同年五月、師匠の馬楽が八代目林家正蔵を襲名したので、蝶花楼小照から林家小照となる。二十六年一月、先輩の二ツ目を殴ったために破門された。一説には、夏の猛暑中に怪談噺の道具をリヤカーで運ぶ途中、嫌気がさしてやめたと言われているが、一月下席を最後に顔づけから消えているので、これは間違いであろう。

破門後、魚屋をしていたが、二十七年二月に許されて復帰、三月下席から林家正太と改名する。二十八年五月に林家照蔵《てるぞう》で二ツ目に昇進した。このころは、でっぷりと太ってたんかが切れ、いかにも江戸っ子らしい、威勢のよい芸で、将来を期待された。

三十七（一九六二）年五月、五代目春風亭柳朝を襲名して真打に昇進。以来、江戸前の芸を貫いて、粋な滑稽噺を好むファンが多かった。

四十四（一九六九）年からイイノホールで始めた古今亭志ん朝との二人会「二朝会」は、芸風の違う二人が競り合ったので人気を集めた。

五十七年一月に師匠の正蔵改メ林家彦六が亡くなった後は、一門の総帥としての活躍が期待されたが、まもなく医者嫌いのせいか体調をくずし、同年暮に倒れて入院した。以後寝たきりの生活が続き、平成三年二月七日、六十一歳で亡くなった。元気でいれば大看板で活躍できたのにと、惜しまれる。

弟子には春風亭一朝、小朝、正朝らがいる。柳朝の名は、一朝門下の孫弟子、朝之助が平成十九年に六代目を継いでいる。

97 星の王子さま

五代目 三遊亭圓楽

さんゆうてい・えんらく◉1933～2009

圓楽を名乗った人は過去に五人いるが、その名を大きくし、圓楽で終わったのはこの人だけである。

本名吉河寛海《よしかわひろうみ》。昭和八年一月三日、東京は浅草で生まれた。実家は易行院《いぎょういん》（助六寺）という寺で、現在は足立区に移転している。高校時代に胸部疾患で療養している間に落語の魅力に取りつかれ、昭和三十（一九五五）年二月、六代目三遊亭圓生に入門して、三遊亭全生《ぜんしょう》と名乗ったのが落語家としての第一歩。当時圓生門下には、上方から来た三遊亭百生《ひゃくしょう》がいたが、この人は大先輩の客分格だったので、実質的には一番弟子である。三十三年三月に全生のまま二ツ目に昇進。三十七年十月には、五代目圓楽を襲名して、真打になった。圓楽は三遊亭圓朝門下の名前で、八代目林家正蔵が若いころ名乗っていた。

前座、二ツ目時代は、ひたすら基本に忠実な芸だったが、真打になってからは、マスコミに乗って売れっ子になり、「星の王子さま」などのキャッチ・フレーズで人気を得た。

人気を維持しながら落語でも認められるようになった昭和五十三（一九七八）年、師匠の圓生が落語協会を脱退したときに同行し、落語三遊協会の所属となって、寄席とは決別した。翌五十四年に師匠が亡くなった後も、落語協会に復帰せず、自分の弟子たちと一門会を設立し、独自の行動をとる。六十年に寄席「若竹」を作ったが、五年で閉鎖した。その後はテレビの人気番組「笑点」で、大喜利の司会を長く務めるとともに、師匠圓生の芸を受け継ぎながらも、「浜野矩随《はまののりゆき》」など人情味あふれる噺では独自のスケールの大きい芸を見せていた。平成十七年に軽い脳梗塞を患ってからは体調をくずし、平成十九年二月に「芝浜」を演じたが思うようにはできなかったので引退を表明。二十一年十月二十九日、七十六歳で亡くなった。

98 業の肯定を提唱、実践

七代目 立川談志

たてかわ・だんし◉1936～2011

五代目三遊亭圓楽同様、落語協会を脱退して独立し、落語立川流を創設した。当人は初め談志の五代目だと称していたが、橘左近師の調査により七代目であることがわかり、それを認めた。

本名松岡克由《かつよし》。昭和十一年一月二日、東京は小石川で生まれる。東京高校を中退して二十七（一九五二）年四月、五代目柳家小さんに入門した。小よしと名付けられる。二年後の二十九年三月、二ツ目に昇進して小ゑんと改名。小ゑんは三代目である。三十七年、後輩の三代目古今亭志ん朝、圓楽に真打昇進で先を越され、三十八（一九六三）年に真打昇進して、談志を襲名した。小ゑん時代から芸の筋はよかったが、生意気だというので先輩の師匠方の受けはよくなかった。

真打になったらまず売れることだとマスコミへの売りこみを始め、四十年三月、日本テレビ「笑点」の前身「金曜夜席」の司会となる。十二月には『現代落語論』を出版し、紀伊國屋ホールで「立川談志ひとり会」を始めた。芸のほうも、人間の生きざまをリアルに描く高座で、たちまち人気上昇する。四十六年六月、参議院議員選挙に全国区から無所属で出馬し、最下位で当選、自民党に入党する。五十年十二月、三木武夫内閣の沖縄開発庁政務次官に就任したが、三十六日間で辞任する。五十八年、真打昇進試験制度の運用をめぐって落語協会を脱退、落語立川流を創設して家元となる。人間の業を描く芸で、カリスマ性を発揮し、独自の人気を維持していたが、平成九年に食道がんに侵され、次第に体力が衰える。二十九年に演じた「芝浜」が絶賛されたものの、二十三年三月以降高座に上がれなくなり、同年十一月二十一日、喉頭がんのために亡くなったのは惜しまれる。もっともっと活躍してほしかった。享年七十五だった。

99　マスコミの寵児

八代目 橘家圓蔵

たちばなや・えんぞう◉1934〜2015

独特の新しいナンセンス・ギャグをふんだんに使って、面白い落語を聴かせた。

本名大山武雄。昭和九年四月三日、東京は本所で生まれた。まもなく江戸川区平井へ移り、ここで育つ。終戦後まもなく、父の仕事の紙芝居屋を手伝う。

昭和二十七（一九五二）年十二月、平井に住んでいた講釈師・田辺南龍の口利きで、七代目橘家圓蔵に入門、橘家竹蔵と名乗る。まもなく大師匠に当たる八代目桂文楽のところに内弟子として預けられる。三十年三月二ツ目に昇進し、橘家升蔵《ますぞう》と改名した。三十三年、文楽宅でお手伝いをしていた節子と結婚する。

升蔵になってから、ラジオ、テレビで売れ出す。四十年三月、師の前名・月《つき》の家《や》圓鏡《えんきょう》を五代目として襲名し、真打に昇進した。ラジオでの活躍はますます盛んになり、圓鏡の名は全国に知られる。このころ妻・節子の名をネタによく使う。昭和五十五（一九八〇）年五月十一日、師匠の圓蔵が亡くなり、同年九月二十日、人気者の兄弟子・初代林家三平も亡くなった。

二年後の五十七年十月、八代目橘家圓蔵となる。「せっかく圓鏡で売れているのに」という周囲の反対を押し切っての襲名だった。以後は全国的な活動と並行して、地元江戸川区を中心とした地域活動にも力をそそいだ。少なかった持ちネタも積極的に増やしていった。

相変わらずの面白い落語で活躍を続けたが、平成二十六年ごろから体調をくずし、高座から遠ざかった。そして翌年十月七日、八十一歳で惜しまれつつ亡くなった。

「うまい落語家より面白い落語家でいたい」と言って、アナクロなギャグをどんどん使い、「表情を使いこなすほどうまい芸ではない」と言って、眼鏡をかけたまま高座に上がっていた。

100 山のアナアナ

三代目 三遊亭圓歌

さんゆうてい・えんか◉1929～2017

まだ二ツ目の三遊亭歌奴時代から、「山のアナアナ」で知られる「授業中」という新作で、一躍売れっ子になった。

本名中沢信夫《のぶお》（のち圓法）。昭和四年一月十日、東京は向島で生まれた。生年月日については、戦災で戸籍が失われ、戦後戸籍を再製するときに間違えて昭和七年生まれとされたという。日本演芸家連合『日本演芸家名鑑』（昭和六十年発行）には四年一月十日になっているし、学校もこれで入学卒業しているので、四年生まれ説を採用する。

岩倉鉄道学校を出て、運輸省に入り、新大久保の駅員を勤めていたが、吃音矯正のために二代目三遊亭円歌に入門した。

入門の時期は、戦後すぐの昭和二十（一九四五）年とされているが、三十三年の真打披露口上で、師匠の円歌が「うちへ来て十年」と言っている。落語協会の「寄席の顔づけ」では、二十三年初席（一月上席）に、当時の前座名・歌治の名が見える。二十二年の顔づけが残っていないのでわからないが、たぶん二十二（一九四七）年の入門であろう。

顔づけによると、二十四年九月に師匠の前名・歌奴を貰って、二ツ目に昇進した。三十年ごろから、「授業中」などの新作で人気上昇し、初代林家三平と同様に二ツ目で寄席のトリを務める。三十三年四月、歌奴のままで真打になった。

以後爆笑落語で人気を持続し、四十五（一九七〇）年十月、三代目圓歌を襲名した。六十二年に落語協会の副会長に就任、平成八年八月、五代目柳家小さんの後を受けて、会長となった。
一時病に倒れたが、仏門に入っていたお蔭か見事に回復した。先代同様、古典と新作の両刀使いで活躍し、自作の「中沢家の人々」などで売ったが、平成二十九年四月二十三日、八十八歳で亡くなった。

ま行

や行

ら行

さ行

た行

は行

か行

本文に登場する噺家の掲載番号を五十音順にまとめました

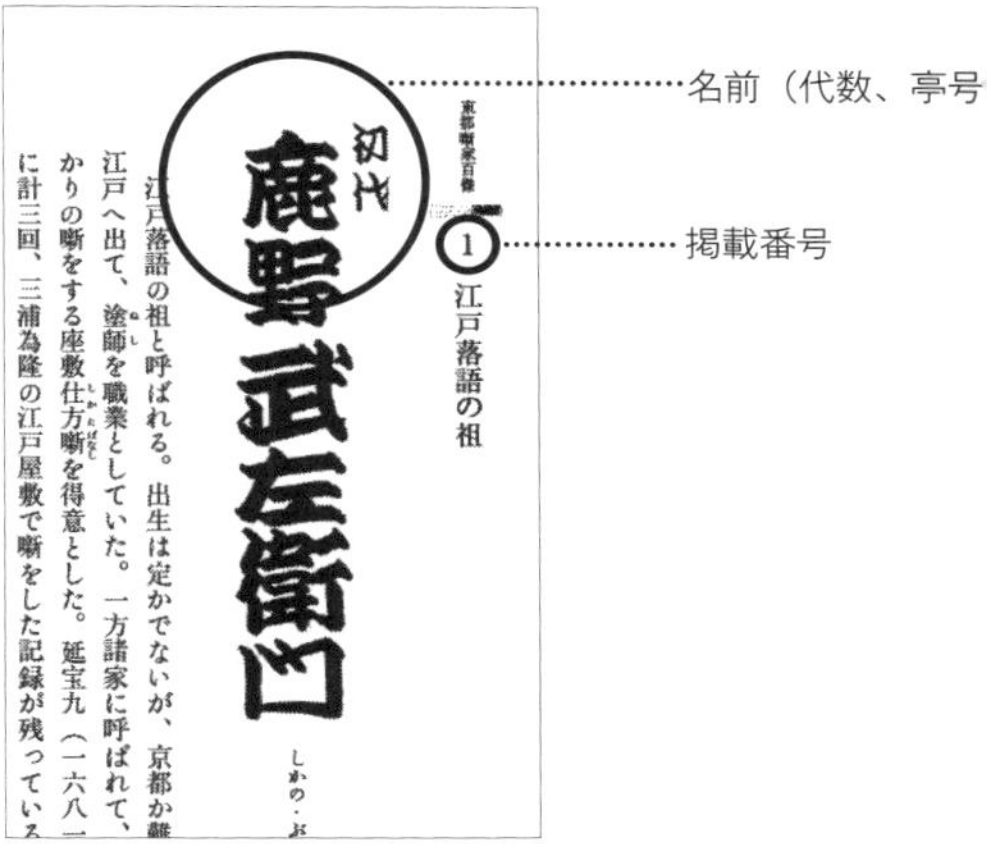

名前　（代数、亭号）　掲載番号（太字）・他の頁に登場している番号順に掲載

あ行

東京かわら版の本

◉好評発売中！

※定価は19年3月現在

日本で唯一の寄席演芸専門月刊情報誌

東京かわら版

創刊は昭和49年11月号。落語・講談・浪曲・漫才・マジック・太神楽・紙切り・コントなど、寄席演芸とお笑いに関する情報が、コンパクトな誌面にぎっしりと詰まっています。演芸会情報は、寄席定席（鈴本演芸場・浅草演芸ホール・末広亭・池袋演芸場・国立演芸場）情報のほか、関東圏内で開かれる大小の会をとりまぜて毎月1000件以上、紹介しています。

◉毎月28日発行　定価500円（税込）　A5変型判　※寄席入場料割引あり

あの芸人さんのこと、もっと知りたい!!
東京かわら版増刊号

東都寄席演芸家名鑑

東京かわら版 編

3年ぶりの新名鑑が登場！ 今回は東京を中心に総勢800名を越える落語、講談、浪曲、寄席色物の現役演芸家を収録。さらに、師弟系図や紋の紹介なども付録。月刊号と変わらぬ判型で持ち運びが便利、またテレビ・ラジオの演芸番組でもご活用いただける、演芸界の〝いま〟を知るには必携の一冊です。

◉不定期発行　定価2000円（税込）　A5変型判　※最新版は2019年1月刊行

成金イレヴン全力の234頁！

成金本

成金（柳亭小痴楽、昔昔亭A太郎、瀧川鯉八、桂伸三、三遊亭小笑、春風亭昇々、笑福亭羽光、桂宮治、神田松之丞、春風亭柳若、春風亭昇也）著

落語芸術協会二ツ目ユニット「成金」。『成金本』は、メンバー11名全員の個性が詰まったムック本です。渾身の芸論／小説／コラム／自伝／新作・誌上ネタおろし／写真ルポ／成金師弟対談など、各メンバーによるバラエティに富んだコンテンツが目白押し。どの頁から読み進めても楽しめる一冊です。

◉定価1944円（税込）　A5判

東京かわら版新書❶
僕らは寄席で「お言葉」を見つけた
長井好弘 著

記念すべき新書第1弾は、『東京かわら版』の人気連載「今月のお言葉」（平成19年5月号～）の書籍化。柳家小三治、立川志の輔、桂米丸、柳家さん喬、柳家喬太郎、柳家三三、桃月庵白酒、春風亭一之輔、桂文珍、林家正楽ら演芸家50組の連載原稿を抽出、全員写真入りで再構成。
◉定価 1080円（税込） B6変型判

東京かわら版新書❷
小満んのご馳走
柳家小満ん 著

ファン待望の柳家小満んの〝食〟〝出会い〟を主軸にしたエッセイ集。多くの雑誌に発表された原稿を再構成し、書きおろしも加えました。美味しそうな食べ物の描写、様々な食（酒・肴）の蘊蓄に加え、小満んが出逢った、人、アートへの思いも綴る。博識の小満んならではの、気品ある世界観を堪能出来る貴重な内容。小満んによる俳句、イラストも掲載。
◉定価 1080円（税込） B6変型判

東京かわら版新書❸
鯉のぼりの御利益
瀧川鯉昇 著

現代を代表する爆笑落語家・瀧川鯉昇の初自叙伝。生い立ち、波乱万丈な修業時代が初めてつまびらかに。笑いあり涙あり、不器用な鯉昇の生き方には、人生の困難を乗り越えるためのエッセンスも込められ、人生の不思議な縁の力を堪能できる一冊。これを読んで、明日の活力に！
◉定価 1200円（税込） B6変型判

東京かわら版新書❹
お二階へご案内～
三遊亭兼好 著

小誌人気連載待望の書籍化。定評のある兼好のイラストを大きく1頁ど－んと掲載、本文2頁と計3頁読み切り形式で65本収録。芸論、演芸仲間のことなどふれず、曲者の家族を中心（ほぼ妻）に、身の回りのちょっとした出来事を兼好の高座同様に面白おかしく綴る。普段は着物姿の兼好が、着物以外の衣装で撮りおろしたレアショットも満載。
◉定価 1080円（税込） B6変型判

【著者略歴】
保田 武宏《やすだ・たけひろ》

演芸評論家。昭和10（1935）年5月18日、石川県生まれ。昭和30（1955）年、東京大学入学、落語研究会に所属。卒業後、読売新聞社入社。文化部、芸能部記者を経て、編集委員を最後に定年退職し、演芸評論家となる。文化庁芸術祭審査委員、国立演芸場花形演芸大賞の審査員を長年勤め、2006年の国立演芸場40周年記念式典で感謝状を受ける。著書に『志ん生全席落語事典』（大和書房）、『志ん生の昭和』（アスキー新書）、『登場人物から味わう落語ハンドブック 落語国人別帳』（亜紀書房）、共著に『落語事典』（青蛙房）、『古今東西落語家事典』（平凡社）などがある。

●参考文献
『古今東西落語家辞典』 諸芸懇話会、大阪芸能懇話会編 平凡社
『東都噺家系図』 橘左近著 筑摩書房
『講談落語今昔譚』 関根黙庵著 山本進校註 平凡社
『明治の演芸』全八巻 倉田喜弘編 国立劇場芸能調査室
『寄席育ち』 六代目三遊亭圓生著 山本進編 青蛙房
『名人名演落語全集』全十巻 立風書房
『落語ハンドブック』 山本進編 三省堂
『落語の履歴書』 山本進著 小学館
『寄席芸人重宝帳』 落語協会、落語芸術協会
『寄席の顔づけ』 落語協会、落語芸術協会
『都新聞』『東京新聞』『読売新聞』

東京かわら版新書4

東都噺家百傑伝

冥土インジャパンの巻

著者 保田武宏
2017年11月29日 初版発行
2019年5月1日 第二版 第一刷発行
発行人 井上健司
編集人 佐藤友美
装幀 手塚みゆき
寄席文字 橘右楽
写真提供 橘左近 横井洋司
発行所 有限会社東京かわら版
住所 〒104-0045 東京都中央区築地1-9-1 井上ビル4階
電話 03（3542）3610
FAX 03（3542）3611
HP http://www.tokyo-kawaraban.net
印刷・製本 シナノ印刷株式会社

※掲載された著作および写真について著作権の確認をしましたが、どうしても著作権者や著作権継承者がわからないものがありました。お気づきの方はお手数ですが編集部にお申し出ください。